D1725897

Papst Franziskus
Auferstehung für unsere Herzen
Impulse zur Fasten- und Osterzeit

Papst Franziskus

Auferstehung für unsere Herzen

Impulse zur Fasten- & Osterzeit

benno

Bibliografische Information der Deutschen Nationalbibliothek
Die Deutsche Nationalbibliothek verzeichnet diese Publikation
in der Deutschen Nationalbibliografie;
detaillierte bibliografische Daten sind im Internet
unter http://dnb.d-nb.de abrufbar.

Besuchen Sie uns im Internet:
www.st-benno.de

Gern informieren wir Sie unverbindlich und aktuell
auch in unserem Newsletter zum Verlagsprogramm,
zu Neuerscheinungen und Aktionen.
Einfach anmelden unter www.st-benno.de.

ISBN 978-3-7462-4358-0
St. Benno Verlag GmbH, Leipzig
Umschlaggestaltung: Ulrike Vetter, Leipzig
Umschlagabbildung: © Stefano Spaziani/picture-alliance
Gesamtherstellung: Kontext, Lemsel (A)

INHALT

Dem Leben öffnen – Impulse für die Fastenzeit

Das Herz frei machen – Aschermittwoch

Der Versuchung widerstehen

Den Weg der Verklärung finden

Leid teilen – Barmherzigkeit leben

Nächstenliebe praktizieren

Den Glauben immer wieder neu entdecken

Vergebung lernen – Versöhnung finden

Das Herz frei machen – Aschermittwoch

»Zerreißt eure Herzen, nicht eure Kleider« (Joël 2,13). Diese eindringlichen Worte des Propheten Joël [...] verweisen auf die Bekehrung des Herzens als Merkmal dieser Zeit der Gnade. Der Aufruf des Propheten ist für uns alle ohne Ausnahme eine Herausforderung und erinnert uns daran, dass die Bekehrung sich nicht auf äußere Formen oder vage Vorsätze beschränkt, sondern dass sie ausgehend vom Zentrum der Person, dem Gewissen, die gesamte Existenz erfasst und verwandelt. Wir sind eingeladen, einen Weg einzuschlagen, auf dem wir der Routine trotzen und uns bemühen, Augen und Ohren, vor allem aber das Herz zu öffnen, um über unser eigenes »Gärtchen« hinauszugehen.

Sich Gott und den Nächsten öffnen. Wir wissen, dass uns diese immer künstlichere Welt in einer Kultur des »Machens« und des »Nützlichen« leben lässt, wo wir, ohne es zu merken, Gott aus unserem Horizont ausschließen. Aber damit schließen wir auch den Horizont selbst aus! Die Fastenzeit lädt uns ein, uns »aufzurütteln«, uns daran zu erinnern, dass wir Geschöpfe sind, ganz einfach, dass wir nicht Gott sind. Wenn ich im täglichen kleinen Umfeld einige Machtkämpfe sehe, um Raum zu besetzen, dann denke ich: Diese Leute spielen Gott, den Schöpfer. Sie haben es noch nicht gemerkt, dass sie nicht Gott sind. Und auch den anderen gegenüber laufen wir Gefahr, uns zu verschließen und sie zu vergessen. Aber nur wenn die Schwierigkeiten und Leiden unserer Brüder und Schwestern uns nahegehen, nur dann können wir unseren Weg der Bekehrung auf Ostern hin beginnen. Es ist ein Weg, der das Kreuz und den Verzicht einschließt. Das [...] Evangelium weist auf die Elemente dieses geistlichen Weges hin: Gebet, Fasten, Almosen (vgl. Mt 6,1-6.16-18). Alle drei beinhalten die Notwendigkeit, sich nicht beherrschen zu lassen von den Dingen, die in Erscheinung treten: Was zählt, ist nicht der Schein; der Wert des Lebens hängt nicht von der Anerkennung der anderen oder vom Erfolg ab, sondern von dem, was in unserem Inneren ist.

Das erste Element ist das Gebet. Das Gebet ist die Kraft des Christen und jedes gläubigen Menschen. In der Schwachheit und Verletzlichkeit unseres Lebens können wir uns mit dem Vertrauen eines Kindes an Gott wenden und in die Gemeinschaft mit ihm eintreten. Angesichts der

»Die Fastenzeit ist eine Zeit des Gebets.«

vielen Wunden, die uns wehtun und die unser Herz verhärten könnten, sind wir aufgerufen, in den Ozean des Gebetes einzutauchen, der der Ozean der grenzenlosen Liebe Gottes ist, um seine Zärtlichkeit zu kosten. Die Fastenzeit ist eine Zeit des Gebets, eines intensiveren Gebets, eines längeren, ausdauernden Gebets, das in der Lage ist, sich die Nöte der Brüder und Schwestern zu eigen zu machen, Fürbittgebet, um vor Gott einzutreten für die vielen Situationen der Armut und des Leids.

Das zweite Merkmal des Weges der österlichen Bußzeit ist das Fasten. Wir müssen aufpassen, dass wir kein rein formales Fasten praktizieren oder ein Fasten, das uns in Wirklichkeit »satt« werden lässt, weil wir uns dann mit uns selbst im Reinen fühlen. Das Fasten hat einen Sinn, wenn es wirklich unsere Sicherheit infrage stellt und auch wenn daraus eine Wohltat für die anderen hervorgeht, wenn es uns hilft, den Stil des barmherzigen Samariters zu pflegen, der sich über den Bruder in Schwierigkeiten beugt und sich um ihn kümmert. Das Fasten beinhaltet die Entscheidung für einen maßvollen Lebensstil; ein Leben, das nicht verschwendet, ein Leben, das nicht »wegwirft«.

Fasten hilft uns, das Herz für das Wesentliche und das Teilen zu trainieren. Es ist ein Zeichen der Bewusstwerdung und der Verantwortlichkeit angesichts der Ungerechtigkeiten und Übergriffe vor allem gegen die Armen und Kleinen, und es ist ein Zeichen für das Vertrauen, das wir in Gott und seine Vorsehung setzen.

Predigt in der heiligen Messe am Aschermittwoch mit Austeilung des Aschekreuzes, 5. März 2014

Das Wichtige finden

»Seht euch die Vögel des Himmels an«, sagt Jesus. »Sie säen nicht, sie ernten nicht und sammeln keine Vorräte in Scheunen; euer himmlischer Vater ernährt sie. [...] Lernt von den Lilien, die auf dem Feld wachsen: Sie arbeiten nicht und spinnen nicht. Doch ich sage euch: Selbst Salomo war in all seiner Pracht nicht gekleidet wie eine von ihnen« (Mt 6,26.28-29).

Denkt man aber an die vielen Menschen, die in prekären Situationen oder sogar im Elend leben, das ihre Würde verletzt, könnten diese Worte Jesu abstrakt, wenn nicht gar illusorisch erscheinen. Doch in Wirklichkeit sind sie aktueller denn je! Sie rufen uns in Erinnerung, dass man nicht zwei Herren dienen kann: Gott und dem Reichtum. Solange ein jeder danach trachtet, für sich anzuhäufen, wird es niemals Gerechtigkeit geben. Da müssen wir gut hinhören! Solange ein jeder danach trachtet, für sich anzuhäufen, wird es niemals Gerechtigkeit geben. Wenn wir dagegen im Vertrauen auf die Vorsehung Gottes gemeinsam sein Reich suchen, dann wird es niemandem am Notwendigen für ein würdiges Leben mangeln.

Ein Herz, das vom Streben nach Besitz besetzt ist, ist ein Herz, das von diesem Besitzstreben, aber nicht von Gott erfüllt ist. Deshalb hat Jesus mehrmals die Reichen ermahnt, da sie der starken Gefahr ausgesetzt sind, ihre Sicherheit in die Güter dieser Welt zu setzen, aber die Sicherheit, die endgültige Sicherheit, ist in Gott. In einem Herzen, das von den Reichtümern besessen ist, gibt es nicht mehr viel Platz für den Glauben: Alles ist von den Reichtümern besetzt, es gibt keinen Platz für den Glauben. Wenn man hingegen Gott den Platz einräumt, der ihm gebührt, das heißt den ersten, dann führt seine Liebe dazu, auch die Reichtümer zu teilen, sie in den Dienst von Projekten der Solidarität und der Entwicklung zu stellen, wie dies viele Beispiele auch aus der jüngsten Zeit in der Geschichte der Kirche zeigen.

Und so geht die Vorsehung Gottes über unseren Dienst an den anderen, über unser Teilen mit den anderen. Wenn ein jeder von uns nicht nur für sich Reichtümer anhäuft, sondern sie in den Dienst an den anderen stellt, wird in diesem Fall die Vorsehung Gottes in dieser Geste der Solidarität sichtbar. Wenn einer dagegen nur für sich selbst anhäuft, was wird ihm geschehen, wenn Gott ihn rufen wird? Er wird die Reichtümer nicht mitnehmen können, denn – wisst ihr – das Totenhemd hat keine Taschen! Es ist besser zu teilen, da wir in den Himmel nur das mitnehmen, was wir mit den anderen geteilt haben.

> »Es ist besser zu teilen, da wir in den Himmel nur das mitnehmen, was wir mit den anderen geteilt haben.«

Der Weg, den Jesus weist, mag gegenüber der verbreiteten Denkart und den Problemen der Wirtschaftskrise wenig realistisch erscheinen; doch wenn man genau nachdenkt, führt er uns zur rechten Werteskala zurück. Er sagt: »Ist nicht das Leben wichtiger als die Nahrung und der Leib wichtiger als die Kleidung?« (Mt 6,25). Damit es keinem an Brot, Wasser, Kleidung, einem Zuhause, an Arbeit und Gesundheit fehlt, ist es notwendig, dass wir alle uns als Kinder des Vaters im Himmel und somit untereinander als Geschwister erkennen und uns demgemäß verhalten. [...]

Angelusgebet am 2. März 2014

Der Versuchung widerstehen

Das Evangelium des ersten Sonntags der Fastenzeit stellt uns jedes Jahr die Episode von den Versuchungen Jesu vor Augen, als der Heilige Geist, der nach der Taufe am Jordan auf ihn herabgekommen war, ihn dazu drängte, Satan in der Wüste für vierzig Tage offen entgegenzutreten, bevor er seine öffentliche Sendung begann. Der Versucher trachtet danach, Jesus vom Plan des Vaters abzubringen, das heißt vom Weg des Opfers, der Liebe, die sich selbst als Sühne darbringt, um ihn den leichten Weg einschlagen zu lassen, den Weg des Erfolgs und der Macht.

»Jesus weist entschlossen all diese Versuchungen zurück und bekräftigt den festen Willen, dem vom Vater bestimmten Weg zu folgen.«

Der Zweikampf zwischen Jesus und Satan vollzieht sich in einem Schlagabtausch mit Zitaten aus der Heiligen Schrift. Denn um Jesus vom Weg des Kreuzes abzubringen, führt der Teufel ihm die falschen messianischen Hoffnungen vor Augen: den wirtschaftlichen Wohlstand, worauf die Möglichkeit verweist, Steine in Brot zu verwandeln; den spektakulären und auf Wunder ausgerichteten Stil, verbunden mit der Vorstellung, sich vom höchsten Punkt des Tempels in Jerusalem in die Tiefe zu stürzen und sich von Engeln retten zu lassen; und schließlich den schnellsten Weg zu Macht und Herrschaft im Austausch gegen einen Akt der Anbetung Satans. Es handelt sich um drei Gruppen von Versuchungen: Auch wir kennen sie gut! Jesus weist entschlossen all diese Versuchungen zurück und bekräftigt den festen Willen, dem vom Vater bestimmten Weg zu folgen, ohne Kompromisse mit der Sünde und der Logik der Welt.

Achtet gut darauf, wie Jesus antwortet. Er tritt mit dem Satan in keinen Dialog, wie dies Eva im irdischen Paradies getan hatte. Jesus weiß gut, dass man mit dem Satan keinen Dialog führen kann, weil er so verschlagen ist. Statt mit ihm in einen Dialog zu treten, wie dies Eva getan hatte, trifft Jesus daher die Entscheidung, im Wort Gottes Zuflucht zu suchen, und antwortet mit der Kraft dieses Wortes. Erinnern wir uns daran: Im Augenblick der Versuchung, unserer Versuchungen: kein Argumentieren mit dem Satan, sondern immer verteidigt durch das Wort Gottes! Und das wird uns retten. In den Antworten, die der Herr dem Satan gibt, indem er das Wort Gottes benutzt, erinnert

>>Du sollst den Herrn, deinen Gott, nicht auf die Probe stellen< (V. 7).«

er uns vor allem daran, dass »der Mensch [...] nicht nur von Brot [lebt], sondern von jedem Wort, das aus Gottes Mund kommt« (Mt 4,4; vgl. Dtn 8,3); und das gibt uns Kraft, es stützt uns im Kampf gegen die weltliche Denkart, die den Menschen auf die Ebene seiner Grundbedürfnisse sinken und ihn den Hunger nach dem verlieren lässt, was wahr, gut und schön ist, den Hunger nach Gott und seiner Liebe. Er erinnert außerdem daran, dass es in der Schrift auch heißt: »Du sollst den Herrn, deinen Gott, nicht auf die Probe stellen« (V. 7), da der Weg des Glaubens auch durch die Finsternis, den Zweifel, führt und sich von Geduld und beständiger Erwartung nährt. Schließlich weist Jesus darauf hin, dass in der Schrift steht: »Vor dem Herrn, deinem Gott, sollst du dich niederwerfen und ihm allein dienen« (V. 10); das heißt: Wir müssen uns der Götzen entledigen, der Nichtigkeiten, und unser Leben auf dem Wesentlichen aufbauen.

Diese Worte Jesu werden dann in seinem Handeln konkrete Entsprechung finden. Seine absolute Treue gegenüber dem Liebesplan des Vaters wird ihn nach etwa drei Jahren zum abschließenden Entscheidungskampf mit dem »Herrscher dieser Welt« (Joh 16,11) führen, in der Stunde des Leidens und des Kreuzes, und dort wird Jesus seinen endgültigen Sieg davontragen, den Sieg der Liebe!

[...] Die Fastenzeit ist eine Zeit der Gnade für uns alle, um einen Weg der Umkehr zu beschreiten, indem wir uns aufrichtig mit diesem Abschnitt aus dem Evangelium auseinandersetzen. Wir wollen unsere Taufversprechen erneuern: Widersagen wir dem Satan und all seinen Werken und Verführungen – denn er ist ein Verführer –, um auf den Wegen Gottes zu gehen und »das Osterfest in der Freude des Heiligen Geistes zu erwarten«!

Angelusgebet am 9. März 2014

Den Weg der Verklärung finden

Das Evangelium berichtet uns vom Ereignis der Verklärung [Mt 17,1-9]. Es ist dies die zweite Etappe des Weges durch die Fastenzeit: die erste, die Versuchungen in der Wüste, am vergangenen Sonntag; die zweite: die Verklärung. Jesus »nahm Petrus, Jakobus und dessen Bruder Johannes beiseite und führte sie auf einen hohen Berg« (Mt 17,1). Der Berg steht in der Bibel für den Ort der Nähe zu Gott und der innigen Begegnung mit ihm; der Ort des Gebets, wo man in der Gegenwart des Herrn ist. Dort oben auf dem Berg zeigt sich Jesus den drei Jüngern verklärt, leuchtend, wunderschön; und dann erscheinen Mose und Elija, die mit ihm reden. Sein Gesicht leuchtet derart und seine Kleider sind so blendend weiß, dass Petrus wie geblendet ist und er dort bleiben möchte, gleichsam als wolle er jenen Augenblick festhalten. Sogleich erklingt aus der Höhe die Stimme des Vaters und erklärt, dass Jesus sein geliebter Sohn ist, und er sagt: »Auf ihn sollt ihr hören« (V. 5). Diese Worte sind wichtig! Unser Vater, der zu diesen Aposteln gesprochen hat, sagt auch zu uns: »Ihr sollt auf Jesus hören, weil er mein geliebter Sohn ist.« Wir wollen in dieser Woche dieses Wort in Sinn und Herz behalten: »Ihr sollt auf Jesus hören!« Und das sagt nicht der Papst, das sagt Gott, der Vater, allen: mir, euch, allen, allen! Es ist gleichsam eine Hilfe, um auf dem Weg der Fastenzeit voranzugehen. »Ihr sollt auf Jesus hören!« Vergesst das nicht. Diese Aufforderung des Vaters ist sehr wichtig. Wir, die Jünger Jesu, sind aufgerufen, Menschen zu sein, die auf seine Stimme hören und seine Worte ernst nehmen. Um auf Jesus zu hören, muss man ihm nahestehen, ihm nachfolgen, wie dies die Menschenmen-

> »Um auf Jesus zu hören, muss man ihm nahestehen, ihm nachfolgen.«

gen im Evangelium taten, die ihm auf den Straßen Palästinas nachliefen. Jesus hatte keinen Lehrstuhl und auch keine feste Kanzel, er war ein Wanderprediger, der seine Lehren – Lehren, die ihm der Vater gegeben hatte – entlang der Straßen erteilte und dabei nicht immer vorhersehbare und bisweilen wenig bequeme Wege einschlug. Jesus nachfolgen, um auf ihn zu hören. Doch wir hören Jesus auch in seinem geschriebenen Wort, im Evangelium.

Ich frage euch etwas: Lest ihr jeden Tag einen Abschnitt aus dem Evangelium? [...] Das ist wichtig! [...] Das ist eine gute Sache; es ist eine gute Sache, ein kleines Evangelienbuch zu haben, ein kleines, und es immer bei sich zu haben, in der Jackentasche, in der Handtasche, um dann zu einer beliebigen Tageszeit einen kleinen Abschnitt zu lesen. In irgendeinem Moment des Tages nehme ich das Evangelium aus der Tasche und lese etwas, einen kleinen Abschnitt. Dort, im Evangelium, spricht Jesus! Denkt daran. Das ist nicht schwer, und es ist nicht einmal notwendig, dass es alle vier sind: eines der Evangelien, ganz klein, das bei uns ist. Immer mit dem Evangelium bei uns, weil es das Wort Jesu ist, um darauf hören zu können.

»Wenn wir auf das Wort Jesu hören und es im Herzen haben, wächst jenes Wort.«

Dieser Episode von der Verklärung möchte ich zwei bedeutsame Elemente entnehmen, die ich in zwei Worten zusammenfasse: Aufstieg und Abstieg. Für uns ist es notwendig, Abstand zu gewinnen, auf den Berg in einen Raum der Stille hinaufzusteigen, um uns selbst zu finden und besser die Stimme des Herrn zu vernehmen. Dies tun wir im Gebet. Doch wir können nicht dort bleiben! Die Begegnung mit Gott im Gebet drängt uns, erneut »vom Berg hinabzusteigen« und nach unten zurückzukehren, in die Ebene, wo wir den vielen Brüdern und Schwestern begegnen, auf denen Mühsal, Krankheiten, Ungerechtigkeiten, Unwissen, materielle und geistliche Armut lasten. Wir sind gerufen, diesen unseren Brüdern und Schwestern, die in Schwierigkeiten sind, die Früchte der Erfahrung zu bringen, die wir mit Gott gemacht haben, und die empfangene Gnade zu teilen. Und das ist schon merkwürdig. Wenn wir das Wort Jesu hören, wenn wir auf das Wort Jesu hören und es im Herzen haben, wächst jenes Wort. Und wisst ihr, wie es wächst? Indem man es dem anderen gibt! Das Wort Christi in uns wächst, wenn wir es verkünden, wenn wir es den anderen weitergeben! Und das ist das christliche Leben. Das ist eine Sendung für die ganze Kirche, für alle Getauften, für uns alle: auf das Wort Jesu hören und es den anderen anbieten. [...]

Angelusgebet am 16. März 2014

Leid teilen – Barmherzigkeit leben

Teilen und mit leiden

[...] Jesus wirkte [das Wunder von der Vermehrung der Brote und der Fische (Mt 14,13-21)] am See von Gennesaret, in einer einsamen Gegend, in die er sich mit seinen Jüngern zurückgezogen hatte, nachdem er vom Tod Johannes des Täufers erfuhr.

Aber viele Menschen gingen ihnen nach und holten sie ein; und als Jesus sie sah, hatte er Mitleid mit ihnen und heilte bis zum Abend Kranke. Dann rieten ihm die Jünger, die wegen der späten Stunde besorgt waren, die Menschenmenge fortzuschicken, damit sie in die Dörfer gehen und sich etwas zu essen kaufen könne. Doch Jesus erwiderte ihnen ruhig: »Gebt ihr ihnen zu essen!« (Mt 14,16); und nachdem er sich fünf Brote und zwei Fische hatte bringen lassen, segnete er sie und begann, die Brote zu brechen und sie den Jüngern zu geben; die Jünger aber gaben sie den Leuten. Alle aßen und wurden satt und es blieb sogar noch etwas übrig!

> »Jesus dagegen sagt: Gebt ihr ihnen zu essen.«

Diesem Geschehen können wir drei Botschaften entnehmen. Die erste ist die des Mitleids. Angesichts der Menge, die ihm nachgeht und ihn sozusagen »nicht in Frieden lässt«, reagiert Jesus nicht gereizt, er sagt nicht: »Diese Leute sind mir lästig.« Nein, nein. Er reagierte vielmehr mit einer Empfindung des Mitleids, da er weiß, dass sie ihn nicht aus Neugier aufsuchen, sondern weil sie seine Hilfe brauchen. Aber aufgepasst: Mitleid – das Mitleid, das Jesus empfindet – bedeutet nicht einfach ein Gefühl der Anteilnahme; es ist mehr! Es bedeutet, mit-leiden, das heißt das Leid des anderen mitzuempfinden, bis zu dem Punkt, es auf sich zu nehmen. So ist Jesus: Er leidet zusammen mit uns, er leidet mit uns, er leidet für uns. Und das Zeichen dieses Mitleids sind die zahlreichen von ihm gewirkten Heilungen. Jesus lehrt uns, die Bedürfnisse der Armen den unseren voranzustellen. Unsere – wenn auch berechtigten – Bedürfnisse werden nie so dringlich sein wie jene der Armen, denen das Lebensnotwendige fehlt. Wir reden oft von den Armen. Doch wenn wir von den Armen sprechen, spüren wir, dass jenem Mann, jener Frau, jenen Kindern das Lebensnotwendige fehlt? Dass sie nichts zu essen haben, dass sie nichts zum Anziehen haben, dass ihnen die medizinische Versorgung fehlt ... Auch dass die Kinder keine Möglichkeit haben, zur Schule zu gehen. Und aus diesem Grund werden unsere obgleich berechtigten Bedürfnisse nie so wichtig sein wie jene der Armen, denen das Nötigste zum Leben fehlt.

»So ist Jesus: Er leidet zusammen mit uns, er leidet mit uns, er leidet für uns.«

Die zweite Botschaft ist die des Teilens. Die erste ist das Mitleid, das Jesus verspürte, die zweite die des Teilens. Es ist hilfreich, die Reaktion der Jünger angesichts der müden und hungrigen Menschenmenge mit der Reaktion Jesu zu vergleichen. Sie unterscheiden sich. Die Jünger denken, dass es besser sei, sie fortzuschicken, damit sie sich etwas zu essen kaufen können. Jesus dagegen sagt: Gebt ihr ihnen zu essen. Zwei unterschiedliche Reaktionen, die zwei gegensätzliche Denkweisen widerspiegeln: Die Jünger denken gemäß der Logik der Welt, nach der jeder für sich selbst sorgen muss. Sie argumentieren, als sagten sie: »Seht zu, wie ihr alleine zurechtkommt!« Jesus argumentiert entsprechend der Logik Gottes, der Logik des Teilens. Wie oft wenden wir uns ab, um nur ja nicht die bedürftigen Brüder und Schwestern zu sehen! Und dieses Abwenden ist eine wohlerzogene Art und Weise, höflich zu sagen: »Seht zu, wie ihr alleine zurechtkommt!« Und das kommt nicht von Jesus: Das ist Egoismus. Hätte er die Menge weggeschickt, hätten viele Menschen nichts zu essen gehabt.

Stattdessen reichten jene wenigen Brote und Fische, die geteilt und von Gott gesegnet wurden, für alle. Und aufgepasst! Das ist keine Zauberei, es ist ein »Zeichen«: ein Zeichen, das uns einlädt, Vertrauen in Gott, den fürsorglichen Vater, zu haben, der es uns nicht an »unserem täglichen Brot« fehlen lässt, wenn wir es verstehen, es wie Brüder und Schwestern zu teilen. Mitleid, Teilen. Und die dritte Botschaft: Das Wunder der Brotvermehrung deutet auf die Eucharistie hin.

Das ist in der Geste Jesu zu sehen, »der den Lobpreis sprach« (vgl. V. 19), bevor er die Brote brach und sie an die Menschen verteilte. Es ist dieselbe Geste, die Jesus beim Letzten Abendmahl vollbringen wird, wenn er das ewige Gedächtnis seines Erlösungsopfers einsetzen wird. In der Eucharistie schenkt Jesus nicht irgendein Brot, sondern das Brot des ewigen Lebens, er schenkt sich selbst, indem er sich uns zuliebe dem Vater darbringt. Doch wir müssen uns der Eucharistie mit jenen Empfindungen Jesu nähern, also mit dem Mitleid und mit jenem Willen zum Teilen. Wer sich der Eucharistie nähert, ohne Mitleid mit den Bedürftigen zu haben und ohne zu teilen, der wird mit Jesus nicht übereinstimmen. Mitleid, Teilen, Eucharistie. Das ist der Weg, den Jesus in diesem Evangelium weist. Ein Weg, der uns dazu führt, uns in einer brüderlichen Haltung mit den Nöten dieser Welt auseinanderzusetzen, ein Weg, der uns aber über diese Welt hinausführt, da er von Gott, dem Vater, ausgeht und zu ihm zurückkehrt. [...]

Angelusgebet am 3. August 2014

Barmherzigkeit finden

[...] Die »Piazza« ist der Ort, wo wir einander als Bürger begegnen, und die Kathedrale ist der Ort, wo wir Gott begegnen, sein Wort hören, um als Brüder zu leben, als Bürger und Brüder. Im Christentum gibt es keinen Gegensatz zwischen dem Heiligen und dem Profanen – in diesem Sinne: Bürger und Brüder. Es gibt einen eindrucksvollen Gedanken, der mich sehr berührt hat, als ich über das Erbe des heiligen Coelestin V. nachdachte. Wie der heilige Franz von Assisi hatte auch er ein sehr ausgeprägtes Gespür für die Barmherzigkeit Gottes und für die Tatsache, dass die Barmherzigkeit Gottes die Welt erneuert.

Pietro di Morrone und Franz von Assisi kannten die Gesellschaft ihrer Zeit und ihre große Armut sehr gut. Sie waren den Menschen, dem Volk, sehr nahe. Sie brachten vielen Menschen, die sich plagten und schwere Lasten zu tragen hatten, dasselbe Mitleid entgegen, das Jesus ihnen entgegenbrachte. Sie beschränkten sich jedoch nicht darauf, gute Ratschläge zu erteilen oder frommen Trost zu spenden. Sie haben sich als Erste für ein Leben entschieden, in dem sie gegen den Strom schwimmen, haben beschlossen, sich der Vorsehung des Vaters anzuvertrauen – nicht nur als persönliche Askese, sondern als prophetisches Zeugnis einer Vaterschaft und einer Brüderlichkeit, die der Botschaft des Evangeliums Jesu Christi entsprechen. Und es berührt mich immer, dass diese Heiligen mit ihrem starken Mitgefühl für die Menschen das Bedürfnis verspürt haben, dem Volk die größte Gabe, den größten Reichtum, zu schenken: die Barmherzigkeit des Vaters, die Vergebung. »Vergib uns unsere Schuld, wie auch wir vergeben unsern Schuldigern.« In diesen Worten des Vaterunsers ist ein ganzes Lebensprogramm enthalten, das auf der Barmherzigkeit gründet.

Die Barmherzigkeit, der Ablass, die Vergebung der Schuld, ist nicht nur etwas, das die Frömmigkeit, das innere Leben betrifft, ein geistliches Mittel zur Linderung der Schmerzen, eine Art von Öl, das uns hilft, sanfter, besser zu werden – nein. Sie ist die Verheißung einer neuen Welt: Barmherzigkeit ist die Verheißung einer neuen Welt, in der die irdischen Güter und die Arbeit gerecht verteilt sind und wo es niemandem am Notwendigen mangelt, denn Solidarität und Teilen sind die konkrete Folge der Brüderlichkeit. Diese beiden Heiligen sind

»Vergib uns unsere Schuld, wie auch wir vergeben unsern Schuldigern.«

mit gutem Beispiel vorangegangen. Sie wussten, dass sie als Kleriker – der eine war Diakon, der andere Bischof, Bischof von Rom –, dass sie als Kleriker alle beide Vorbild der Armut, der Barmherzigkeit und der völligen Selbstentäußerung sein mussten. [...]

[Das Tor der Barmherzigkeit steht allen Menschen weit offen.] Es ist keine Flucht, es ist kein Ausbruch aus der Wirklichkeit und ihren Problemen, sondern die Antwort, die aus dem Evangelium kommt: die Liebe als Kraft, die das Gewissen läutert, als Kraft der Erneuerung der sozialen Beziehungen, als planende Kraft für eine andere Wirtschaft, die nicht Geld und Gewinn, sondern den Menschen, die Arbeit, die Familie in den Mittelpunkt stellt.

Wir alle sind uns bewusst, dass dies nicht der Weg der Welt ist. Wir sind keine Träumer. Wir geben uns keinem Selbstbetrug hin noch wollen wir Oasen außerhalb der Welt schaffen. Vielmehr glauben wir, dass dieser Weg der gute Weg für alle Menschen ist, dass es der Weg ist, der uns wirklich zu Gerechtigkeit und Frieden führt. Aber wir wissen auch, dass wir Sünder sind, dass wir als Erste stets versucht sind, diesen Weg nicht fortzusetzen und uns der Mentalität der Welt, der Mentalität der Macht, der Mentalität des Reichtums anzupassen. Daher vertrauen wir uns der Barmherzigkeit Gottes an und setzen uns dafür ein, mit seiner Gnade Früchte der Umkehr zu erlangen und Werke der Barmherzigkeit zu tun.

Ansprache bei der Begegnung der Bürgerschaft während des Pastoralbesuches in den Diözesen Campobasso-Boiano und Iseria-Venafro am 5. Juli 2014

Nächstenliebe praktizieren

[...] Im 18. Kapitel des Matthäusevangeliums wird das Thema der brüderlichen Zurechtweisung in der Gemeinde der Gläubigen unterbreitet: also wie ich einen anderen Christen zurechtweisen soll, wenn er etwas tut, was nicht gut ist. Jesus lehrt uns: Wenn mein christlicher Bruder eine Schuld gegen mich begeht, mich beleidigt, muss ich ihm gegenüber Liebe walten lassen und vor allem anderen mit ihm persönlich sprechen und ihm erklären, dass das, was er gesagt oder getan hat, nicht gut ist.

Und wenn der Bruder nicht auf mich hört? Jesus rät zu einem schrittweisen Verfahren: Kehr zunächst mit zwei oder drei anderen zu ihm zurück, um mit ihm zu reden, damit er sich seines begangenen Fehlers bewusster wird; wenn er trotzdem die Mahnung nicht annimmt, muss man es der Gemeinde sagen; und wenn er auch auf die Gemeinde nicht hört, muss man ihn den Bruch und die Trennung spüren lassen, die er selbst verursacht hat, indem er die Gemeinschaft mit den Brüdern und Schwestern im Glauben geschwächt hat.

> »Wir alle sind Sünder, und uns allen schenkt Gott sein Erbarmen.«

Die Etappen dieses Wegs zeigen die Anstrengung, die der Herr von seiner Gemeinde verlangt, um den zu begleiten, der einen Fehler macht, damit er nicht verloren geht. Vor allem müssen nach Sensation gierendes Gerede und der Klatsch der Gemeinde vermieden werden – das ist das Erste, das muss vermieden werden. »Geh zu ihm und weise ihn unter vier Augen zurecht« (V. 15). Die Haltung ist die des Feingefühls, der Besonnenheit, der Demut, der Aufmerksamkeit gegenüber dem, der sich schuldig gemacht hat, und man muss vermeiden, dass die Worte den Bruder verletzen oder töten könnten. Denn, ihr wisst ja, auch Worte töten! Wenn ich über jemanden hinter seinem Rücken schlecht rede, wenn ich ihn zu Unrecht kritisiere, wenn ich einem Bruder mit meiner Rede »die Haut abziehe«, dann bedeutet das, den Ruf des anderen zu töten! Auch Worte töten. Darauf wollen wir achten. Gleichzeitig hat diese Diskretion, mit ihm alleine zu sprechen, das Ziel, den Sünder nicht unnötig zu beschämen. Man spricht zu zweit darüber, keiner merkt etwas und alles ist vorbei.

Im Licht dieser Forderung ist auch die dann folgende Reihe von Vorgehensweisen zu verstehen, die die Miteinbeziehung einiger Zeugen und dann sogar der Gemeinde vorsieht. Ziel ist es, dem Menschen zu helfen, sich seiner Tat bewusst zu werden und zu verstehen, dass er durch seine Schuld nicht nur einen, sondern alle beleidigt hat. Doch auch uns zu helfen, uns von Zorn und Groll zu befreien, die nur Schlechtes anrichten: jene Verbitterung des Herzens, die Zorn und Groll mit sich bringt und die uns dazu führen zu beleidigen und anzugreifen. Es ist sehr hässlich, wenn man sieht, wie Beleidigendes und Ausfallendes aus dem Mund eines Christen kommen. Das ist hässlich. [...] Keine Beleidigungen! Beleidigen ist nicht christlich. [...] Beleidigen ist nicht christlich.

Tatsächlich sind wir alle vor Gott Sünder und bedürfen der Vergebung. Alle. Jesus nämlich hat uns ermahnt, nicht zu richten. Die brüderliche Zurechtweisung ist ein Aspekt der Liebe und der Gemeinschaft, die in der christlichen Gemeinde herrschen müssen. Sie ist ein gegenseitiger Dienst, den wir einander erweisen können und müssen. Den Bruder zurechtzuweisen ist ein Dienst, und dieser ist möglich und wirksam nur dann, wenn ein jeder sich als Sünder und der Vergebung des Herrn bedürftig erkennt. Dasselbe Bewusstsein, das mich den Fehler des anderen erkennen lässt, ruft mir zunächst in Erinnerung, dass ich selbst Fehler gemacht habe und oftmals Fehler mache.

Aus diesem Grund werden wir jedes Mal zu Beginn der Messe aufgefordert, vor dem Herrn zu bekennen, dass wir Sünder sind, indem wir mit Worten und Gesten aufrichtige Reue des Herzens zum Ausdruck bringen. Und wir sagen: »Erbarme dich meiner, Herr. Ich bin ein Sünder! Ich bekenne Gott, dem Allmächtigen, meine Sünden.« Und wir sagen nicht: »Herr, erbarme dich seiner oder ihrer da neben mir, die Sünder sind.« Nein! »Erbarme dich meiner!« Wir alle sind Sünder und bedürfen der Vergebung des Herrn. Es ist der Heilige Geist, der zu unserem Geist spricht und uns unsere Schuld im Licht des Wortes Jesu erkennen lässt. Und Jesus selbst lädt uns alle

»Tatsächlich sind wir alle vor Gott Sünder und bedürfen der Vergebung.«

an seinen Tisch, Heilige und Sünder, und sammelt uns an den Wegkreuzungen, in den verschiedenen Situationen des Lebens auf (vgl. Mt 22,9-10). Und unter den Voraussetzungen, die den Teilnehmern an der Eucharistiefeier gemeinsam sind, sind zwei grundlegend, zwei Voraussetzungen, um gut zur Messe zu gehen: Wir alle sind Sünder, und uns allen schenkt Gott sein Erbarmen. Das sind zwei Voraussetzungen, die die Tür weit aufmachen, um gut in die Messe hineinzugehen. Darauf müssen wir uns immer besinnen, bevor wir zum Bruder gehen, um ihn brüderlich zurechtzuweisen. [...]

Angelusgebet am 7. September 2014

Begegnungen suchen

Das [...] Evangelium berichtet von der Begegnung Jesu mit der samaritischen Frau, die sich in Sychar bei einem alten Brunnen zutrug, zu dem sich die Frau tagtäglich begab, um Wasser zu schöpfen. An jenem Tag fand sie Jesus vor, der »müde von der Reise« (Joh 4,6) war und sich an den Brunnen gesetzt hatte. Er sagt ihr sogleich: »Gib mir zu trinken« (V. 7). Auf diese Weise überwindet er die Barrieren der Feindseligkeit, die es zwischen Juden und Samaritern gab, und bricht mit den Mustern des Vorurteils gegenüber den Frauen. Die einfache Bitte Jesu ist der Beginn eines offenen Gesprächs, durch das er mit großem Feingefühl die innere Welt eines Menschen betritt, an den er den gesellschaftlichen Gepflogenheiten entsprechend nicht einmal das Wort hätte richten dürfen. Doch Jesus tut es! Jesus hat keine Angst.

> »Wenn Jesus einen Menschen sieht, geht er auf ihn zu.«

Wenn Jesus einen Menschen sieht, geht er auf ihn zu, weil er liebt. Er liebt uns alle. Nie hält er vor einer Person aufgrund von Vorurteilen inne. Jesus konfrontiert sie mit ihrer Situation, ohne über sie zu urteilen, sondern indem er sie beachtet, anerkannt fühlen und so in ihr das Verlangen wach werden lässt, über die alltägliche Routine hinauszugehen. Der Durst Jesu war nicht so sehr ein Durst nach Wasser als vielmehr danach, einer vertrockneten Seele zu begegnen. Jesus hatte das Bedürfnis, der Samariterin zu begegnen, um ihr das Herz zu öffnen: Er bittet sie um etwas zu trinken, um den Durst hervorzuheben, der in ihr selbst war. Die Frau ist von dieser Begegnung berührt: Sie richtet an Jesus jene tiefen Fragen, die wir alle in uns haben, doch oft ignorieren.

Auch wir haben viele Fragen, doch wir finden nicht den Mut, sie Jesus zu stellen! Die Fastenzeit [...] ist die günstige Zeit, um in unser Inneres zu blicken, um unsere wahrsten geistlichen Bedürfnisse hervortreten zu lassen und im Gebet um die Hilfe des

Herrn zu bitten. Das Beispiel der samaritischen Frau lädt uns ein, so zu sprechen: »Jesus, gib mir jenes Wasser, das meinen Durst in Ewigkeit stillen wird.«

Das Evangelium sagt, dass sich die Jünger darüber gewundert hätten, dass ihr Meister mit jener Frau sprach. Doch der Herr ist größer als die Vorurteile, deshalb fürchtete er es nicht, sich mit der Samariterin abzugeben: Die Barmherzigkeit ist größer als das Vorurteil. Das müssen wir gut lernen! Die Barmherzigkeit ist größer als das Vorurteil, und Jesus ist sehr, sehr barmherzig! Das Ergebnis jener Begegnung beim Brunnen war, dass die Frau verwandelt wurde: »Da ließ sie ihren Wasserkrug stehen« (V. 28), mit dem sie immer kam, um Wasser zu schöpfen, und eilte in die Stadt, um von ihrer außerordentlichen Erfahrung zu erzählen.

»Wir sind gerufen, die Bedeutung und den Sinn unseres christlichen Lebens, das mit der Taufe begonnen hat, neu zu entdecken.«

»Ich habe einen Mann gefunden, der mir alles gesagt hat, was ich getan habe: Ist er vielleicht der Messias?« Sie war begeistert. Sie war hingegangen, um Wasser vom Brunnen zu holen, und hatte ein anderes Wasser gefunden, das lebendige Wasser der Barmherzigkeit, das für das ewige Leben sprudelt. Sie hat das Wasser gefunden, das sie von jeher suchte! Sie eilt in den Ort, in jenen Ort, der über sie urteilte, der sie verurteilte und ablehnte, und verkündigt, dass sie dem Messias begegnet ist: einem, der ihr das Leben verändert hat. Denn jede Begegnung mit Jesus ändert uns das Leben [...]. Das ist ein Schritt nach vorn, ein Schritt, der näher zu Gott bringt. Und so ändert jede Begegnung mit Jesus unser Leben. [...]

In diesem Evangelium finden auch wir den Ansporn, »unseren Wasserkrug stehen zu lassen«, Symbol für all das, was dem Anschein nach wichtig ist, doch vor der »Liebe Gottes« seinen Wert verliert. Wir alle haben einen oder mehr als einen!

Ich frage euch und auch mich: »Was ist dein innerer Wasserkrug, der dir eine Last ist, der dich von Gott entfernt?« Stellen wir ihn ein wenig beiseite und vernehmen wir mit dem Herzen die Stimme Jesu, die uns ein anderes Wasser anbietet, ein anderes Wasser, das uns dem Herrn näherbringt. Wir sind gerufen, die Bedeutung und den Sinn unseres christlichen Lebens, das mit der Taufe begonnen hat, neu zu entdecken und wie die Samariterin vor den Brüdern und Schwestern Zeugnis abzulegen. Wofür? Für die Freude! Die Freude der Begegnung mit Jesus bezeugen, denn ich habe gesagt, dass jede Begegnung mit Jesus unser Leben ändert, und jede Begegnung mit Jesus erfüllt uns auch mit Freude, mit jener Freude, die von Innen kommt. Und so ist der Herr. Und wir müssen erzählen, wie viele wunderbare Dinge der Herr in unserem Herzen zu tun vermag, wenn wir den Mut aufbringen, unseren Wasserkrug beiseitezulassen.

Angelusgebet am 23. März 2014

Den Glauben
immer wieder neu entdecken

Öffnen und sehen

Wir finden im Evangelium [Joh 9,1-41] die Episode des blind geborenen Mannes, dem Jesus das Augenlicht schenkt. Die lange Erzählung fängt mit einem Blinden an, der zu sehen beginnt, und endet – und das ist bemerkenswert – mit angeblich Sehenden, die in der Seele weiter blind bleiben. Das Wunder wird von Johannes in zwei knappen Versen erzählt, da der Evangelist die Aufmerksamkeit nicht auf das Wunder an sich, sondern auf das lenken will, was nachher geschieht, auf die Diskussionen, die

> »Heute sind wir eingeladen, uns dem Licht Christi zu öffnen.«

es hervorruft; aber auch auf das Gerede. Oft erregt ein gutes Werk, ein Werk der Nächstenliebe Gerede und Diskussionen, weil da einige sind, die die Wahrheit nicht sehen wollen.

Der Evangelist Johannes will die Aufmerksamkeit auf das lenken, was auch in unseren Tagen geschieht, wenn jemand eine gute Tat vollbringt. Der geheilte Blinde wird zuerst von der erstaunten Menschenmenge befragt – sie haben das Wunder gesehen und fragen ihn aus –, dann von den Gesetzeslehrern; und diese befragen auch seine Eltern. Am Schluss gelangt der geheilte Blinde zum Glauben, und das ist die größte Gnade, die ihm von Jesus geschenkt wird: nicht nur zu sehen, sondern ihn zu erkennen, ihn als das »Licht der Welt« (Joh 9,5) zu sehen.

Während sich der Blinde stufenweise dem Licht nähert, versinken dagegen die Gesetzeslehrer immer mehr in ihrer inneren Blindheit. Verschlossen in ihrem Stolz glauben sie, bereits im Besitz des Lichts zu sein; daher öffnen sie sich nicht der Wahrheit Jesu. Sie setzen alles daran, das Offensichtliche zu leugnen. Sie bezweifeln die Identität des geheilten Mannes; dann leugnen sie das Wirken Gottes bei der Heilung, dies unter dem Vorwand, dass Gott nicht am Sabbat wirke; sie gelangen sogar dazu zu bezweifeln, dass jener Mann blind geboren wurde. Ihre Verschlossenheit gegenüber dem Licht wird aggressiv und mündet darin, dass sie den geheilten Mann aus dem Tempel hinausstoßen.

Der Weg des Blinden dagegen ist ein Weg in Etappen, der von der Kenntnis des Namens Jesu ausgeht. Von ihm kennt er nichts anderes; in der Tat sagt er: »Der Mann, der Jesus heißt, machte einen Teig, bestrich damit meine Augen« (V. 11). Infolge der drängenden Fragen der Gesetzeslehrer hält er ihn zunächst für einen Propheten (V. 17) und dann

> »Das ist die größte Gnade, die ihm von Jesus geschenkt wird: nicht nur zu sehen, sondern ihn zu erkennen.«

für einen Mann, der Gott nahesteht (V. 31). Nachdem er aus dem Tempel hinausgestoßen und somit von der Gesellschaft ausgeschlossen worden ist, findet ihn Jesus erneut und »öffnet ihm die Augen« ein zweites Mal, indem er ihm seine Identität offenbart: »Ich bin der Messias«, so sagt er zu ihm. An diesem Punkt ruft der ehemals Blinde aus: »Ich glaube, Herr!« (V. 38) und wirft sich vor Jesus nieder. Das ist ein Abschnitt aus dem Evangelium, der das Drama der inneren Blindheit so vieler Menschen deutlich werden lässt, auch unserer eigenen, weil wir manchmal Momente innerer Blindheit haben. Unser Leben ähnelt bisweilen dem des Blinden, der sich dem Licht geöffnet hat, der sich Gott geöffnet hat, der sich seiner Gnade geöffnet hat. Manchmal ist es leider ein wenig wie das der Gesetzeslehrer: Von der Höhe unseres Stolzes aus urteilen wir über die anderen und sogar über den Herrn! Heute sind wir eingeladen, uns dem Licht Christi zu öffnen, um in unserem Leben Frucht zu tragen, um die Verhaltensweisen auszumerzen, die nicht christlich sind; wir alle sind Christen, doch wir alle, wir alle nehmen manchmal unchristliche Verhaltensweisen an, Verhaltensweisen, die Sünden sind. Wir müssen das bereuen, diese Verhaltensweisen ausmerzen, um entschlossen den Weg der Heiligkeit zu gehen. Er hat seinen Ursprung in der Taufe. Auch wir nämlich wurden von Christus in der Taufe »erleuchtet«, damit wir uns, wie uns dies der heilige Paulus in Erinnerung ruft, als »Kinder des Lichts« (Eph 5,8) verhalten können, mit Demut, Geduld, Barmherzigkeit. Diese Gesetzeslehrer waren weder demütig noch geduldig noch barmherzig! Ich rate euch: Heute, wenn ihr nach Hause kommt, nehmt das Johannesevangelium und lest diesen Abschnitt des neunten Kapitels! Es wird euch guttun, weil ihr so diesen Weg von der Blindheit zum Licht und den anderen schlechten Weg zu einer noch tieferen Blindheit sehen werdet.

»Wir dürfen keine Angst haben! Öffnen wir uns dem Licht des Herrn.«

Fragen wir uns, wie unser Herz ist? Habe ich ein offenes oder ein verschlossenes Herz? Offen oder verschlossen für Gott? Offen oder verschlossen für den Nächsten? Immer haben wir eine gewisse Verschlossenheit in uns, die aus der Sünde, aus den Fehlern, aus den Irrtümern stammt. Wir dürfen keine Angst haben! Öffnen wir uns dem Licht des Herrn, er erwartet uns immer, um uns besser sehen zu lassen, um uns mehr Licht zu geben, um uns zu vergeben. Vergessen wir das nicht! Der Jungfrau Maria empfehlen wir den Weg durch die Fastenzeit, damit auch wir wie der geheilte Blinde mit der Gnade Christi »zum Licht kommen«, weiter auf das Licht zugehen und zu einem neuen Leben geboren werden können.

Angelusgebet am 30. März 2014

Im Glauben wachsen

Im Evangelium finden wir den Bericht von der Auferweckung des Lazarus [Joh 11,1-45]. Diese bildet den Höhepunkt der wunderbaren »Zeichen«, die Jesus vollbracht hat: Sie ist eine zu große, eine zu eindeutig göttliche Geste, um von den Hohepriestern toleriert werden zu können, die, nachdem sie davon erfahren hatten, entschlossen waren, Jesus zu töten (vgl. Joh 11,53).

>>»Komm heraus!< Das ist eine schöne Einladung zur wahren Freiheit.«

Lazarus war bereits seit drei Tagen tot, als Jesus ankam; und Jesus sprach zu den Schwestern Marta und Maria Worte, die sich für immer in das Gedächtnis der christlichen Gemeinde eingeprägt haben. Jesus sagte: »Ich bin die Auferstehung und das Leben. Wer an mich glaubt, wird leben, auch wenn er stirbt, und jeder, der lebt und an mich glaubt, wird auf ewig nicht sterben« (Joh 11,25-26). Auf dieses Wort des Herrn hin glauben wir, dass das Leben dessen, der an Jesus glaubt und seinem Gebot folgt, nach dem Tod in ein neues, erfülltes und unsterbliches Leben verwandelt werden wird. Wie Jesus mit seinem Leib auferstanden, aber nicht in ein irdisches Leben zurückgekehrt ist, so werden wir mit unserem Leib auferstehen, der in einen glorreichen Leib verklärt werden wird. Er erwartet uns beim Vater, und die Kraft des Heiligen Geistes, der ihn auferweckt hat, wird auch den auferwecken, der mit ihm vereint ist.

Vor dem versiegelten Grab des Freundes Lazarus »rief er mit lauter Stimme: Lazarus, komm heraus! Da kam der Verstorbene heraus; seine Füße und Hände waren mit Binden umwickelt, und sein Gesicht war mit einem Schweißtuch verhüllt« (V. 43-44). Dieser gebietende Ruf gilt jedem Menschen, da wir alle vom Tod gezeichnet sind, wir alle; es ist die Stimme dessen, der der Herr des Lebens ist und will, dass alle »es in Fülle haben« (Joh 10,10). Christus findet sich nicht mit den

Gräbern ab, die wir uns mit unseren Entscheidungen für das Böse und den Tod, mit unseren Fehlern, mit unseren Sünden geschaffen haben. Er findet sich damit nicht ab! Er lädt uns ein, ja fast befiehlt er uns, aus dem Grab herauszukommen, in das unsere Sünden uns haben sinken lassen. Er ruft uns eindringlich, aus der Finsternis des Gefängnisses herauszutreten, in das wir uns eingeschlossen haben, weil wir uns mit einem falschen, egoistischen, mittelmäßigen Leben begnügt haben. »Komm heraus!«, sagt er uns. »Komm heraus!« Das ist eine schöne Einladung zur wahren Freiheit, eine Einladung, sich von diesen Worten Jesu ergreifen

»Der ihn auferweckt hat, wird auch den auferwecken, der mit ihm vereint ist.«

zu lassen, die er heute einem jeden von uns wiederholt. Eine Einladung, uns von den »Binden« befreien zu lassen, von den Binden des Stolzes.

Denn der Stolz macht uns zu Sklaven, zu Sklaven unserer selbst, zu Sklaven so vieler Götzen, so vieler Dinge. Unsere Auferstehung beginnt hier: wenn wir uns entscheiden, diesem Befehl Jesu zu gehorchen und ans Licht, ins Leben hinauszugehen; wenn von unserem Gesicht die Masken abfallen – viele Male tragen wir die Maske der Sünde, die Masken müssen fallen! – und wir neu den Mut unseres ursprünglichen Gesichts finden, das nach dem Bild und Gleichnis Gottes geschaffen wurde.

Die Geste Jesu, der Lazarus auferweckt, zeigt, wie weit die Kraft der Gnade Gottes gehen kann, und somit, bis wohin unsere Umkehr, unsere Veränderung, reichen kann. Doch hört gut zu: Die allen angebotene göttliche Barmherzigkeit kennt keine Grenzen! Die allen angebotene göttliche Barmherzigkeit kennt keine Grenzen! Behaltet diesen Satz gut im Gedächtnis. Und wir können es alle gemeinsam wiederholen: »Die allen angebotene göttliche Barmherzigkeit kennt keine Grenzen.« Sagen wir es zusammen: »Die allen angebotene göttliche Barmherzigkeit kennt keine Grenzen.« Der Herr ist immer bereit, den Grabstein unserer Sünden wegzuheben, der uns von ihm, dem Licht der Lebenden, trennt.

Angelusgebet am 6. April 2014

Vergebung lernen – Versöhnung finden

Das Gebot der Liebe

[...] Jesus sagt: »Denkt nicht, ich sei gekommen, um das Gesetz und die Propheten aufzuheben. Ich bin nicht gekommen, um aufzuheben, sondern um zu erfüllen« (Mt 5,17). Jesus also will die Gebote, die der Herr durch Mose gegeben hat, nicht auslöschen, sondern zu ihrer Fülle bringen. Und sofort danach fügt er hinzu, dass diese »Erfüllung« des Gesetzes

»Liebe Gott aus ganzem Herzen und liebe deinen Nächsten wie dich selbst.«

eine größere Gerechtigkeit erfordert, eine authentischere Befolgung der Gebote. Er sagt nämlich zu seinen Jüngern: »Wenn eure Gerechtigkeit nicht weit größer ist als die der Schriftgelehrten und Pharisäer, werdet ihr nicht in das Himmelreich kommen« (Mt 5,20).

Doch was bedeutet diese »volle Erfüllung« des Gesetzes? Und worin besteht die größere Gerechtigkeit? Jesus selbst antwortet uns mit einigen Beispielen. Jesus war ein praktischer Mensch, er sprach immer mit Beispielen, um sich verständlich zu machen. Er beginnt mit dem fünften der Zehn Gebote: »Ihr habt gehört, dass zu den Alten gesagt worden ist: Du sollst nicht töten ... Ich aber sage euch: Jeder, der seinem Bruder auch nur zürnt, soll dem Gericht verfallen sein« (V. 21-22). Damit ruft uns Jesus in Erinnerung, dass auch Worte töten können! Wenn man von einer Person sagt, sie sei schlangenzüngig, was will das heißen? Dass ihre Worte töten! Daher darf man nicht nur nicht nach dem Leben des Nächsten trachten, sondern man darf ihn ebenso wenig mit dem Gift des Zornes überschütten und mit übler Nachrede treffen. Auch nicht schlecht über ihn reden. Kommen wir zum Geschwätz: Auch das Geschwätz kann töten, weil es den guten Ruf der Menschen tötet! Das Schwätzen ist so hässlich! Am Anfang mag es einem als angenehm und auch unterhaltsam erscheinen, als lutsche man eine Karamelle. Am Ende erfüllt es unser Herz mit Bitterkeit und vergiftet auch uns.

Ich sage euch die Wahrheit. Ich bin überzeugt: Wenn ein jeder von uns es sich zum Vorsatz machte, das Geschwätz zu meiden, würde er am Ende heilig werden! Ein schöner Weg! Wollen wir heilig werden? Ja oder nein? [...] Wollen wir es uns zur Gewohnheit machen, über andere zu schwätzen? Ja oder nein? [...] Dann sind wir also einverstanden: kein Geschwätz! Jesus schlägt dem, der ihm nachfolgt, die Vollkommenheit der Liebe vor: einer Liebe, deren einziges Maß es ist, kein Maß zu haben, über jede Berechnung hinauszugehen. Die Liebe zum Nächsten ist eine derart

»Lass deine Gabe dort vor dem Altar liegen; geh und versöhne dich zuerst mit deinem Bruder« (V. 23-24).«

grundlegende Haltung, dass Jesus so weit geht zu sagen, dass unsere Beziehung zu Gott nicht aufrichtig sein kann, wenn wir mit dem Nächsten nicht Frieden schließen wollen. Und er spricht so: »Wenn du deine Opfergabe zum Altar bringst und dir dabei einfällt, dass dein Bruder etwas gegen dich hat, so lass deine Gabe dort vor dem Altar liegen; geh und versöhne dich zuerst mit deinem Bruder« (V. 23-24). Daher sind wir aufgerufen, uns mit unseren Brüdern und Schwestern zu versöhnen, bevor wir unsere Verehrung für den Herrn im Gebet zeigen.

Aus all diesem ist zu verstehen, dass Jesus nicht bloß der disziplinären Befolgung der Gebote und dem äußeren Verhalten Bedeutung beimisst. Er geht an die Wurzel des Gesetzes und zielt dabei vor allem auf die Absicht und somit auf das Herz des Menschen, in dem unsere guten oder schlechten Handlungen ihren Ursprung haben.

Um ein gutes und ehrliches Verhalten zu erreichen, genügen die gesetzlichen Normen nicht, sondern es bedarf tiefer Beweggründe, Ausdruck einer verborgenen Weisheit, der Weisheit Gottes, die dank des Heiligen Geistes aufgenommen werden kann. Und durch den Glauben an Christus können wir uns dem Wirken des Geistes öffnen, der uns befähigt, die göttliche Liebe zu leben. Im Licht dieser Lehre offenbart jedes Gebot seine volle Bedeutung als Erfordernis der Liebe, und alle vereinen sich im größten Gebot: Liebe Gott aus ganzem Herzen und liebe deinen Nächsten wie dich selbst.

Angelusgebet am 16. Februar 2014

In der Liebe bleiben

In der Fastenzeit erneuert die Kirche im Namen Gottes den Aufruf zur Bekehrung. Es ist der Aufruf, sein Leben zu ändern. Sich zu bekehren ist nicht Sache eines Augenblicks oder einer Zeit im Jahr, es ist ein Bemühen, das das ganze Leben lang dauert. Wer von uns kann vorgeben, kein Sünder zu sein? Niemand. Alle sind wir es. Der Apostel Johannes schreibt: »Wenn wir sagen, dass wir keine Sünde haben, führen wir uns selbst in die Irre, und die Wahrheit ist nicht in uns. Wenn wir unsere Sünden bekennen, ist er treu und gerecht; er vergibt uns die Sünden und reinigt uns von allem Unrecht« (1 Joh 1,8-9). Und das geschieht auch in diesem Gottesdienst und an diesem ganzen Tag der Buße. Das Wort Gottes, das wir gehört haben, führt uns in zwei grundlegende Elemente des christlichen Lebens ein.

> »Wer von uns kann vorgeben, kein Sünder zu sein?«

Das erste: *Den neuen Menschen anziehen.* Der neue Mensch, »nach dem Bild Gottes geschaffen« (Eph 4,24), wird in der Taufe geboren, wo man das Leben Gottes empfängt, der uns zu seinen Kindern macht und uns in Christus und seine Kirche eingliedert. Dieses neue Leben erlaubt es, die Realität mit anderen Augen zu sehen, ohne länger von den Dingen, die nicht zählen und keinen Bestand haben, abgelenkt zu sein, von den Dingen, die mit der Zeit enden. Deshalb sind wir aufgerufen, die Verhaltensweisen der Sünde abzulegen und den Blick auf das Wesentliche zu richten. »Der Wert des Menschen liegt mehr in ihm selbst als in seinem Besitz« (Gaudium et spes, 35). Das ist der Unterschied zwischen einem von der Sünde entstellten Leben und einem von der Gnade erleuchteten Leben. Aus dem nach dem Bild Gottes erneuerten Herzen des Menschen entspringen die guten Verhaltensweisen: immer die Wahrheit sagen und jegliche Lüge vermeiden; nicht stehlen, sondern vielmehr den eigenen Besitz mit den anderen teilen, vor allem mit den Bedürftigen; dem Zorn, dem Groll und der Rache nicht nachgeben, sondern sanftmütig, großherzig und zur Vergebung bereit sein; nicht der üblen Nachrede verfallen, sondern mehr die positive Seite eines jeden sehen. Es geht darum, mit diesen neuen Verhaltensweisen den neuen Menschen anzuziehen.

Das zweite Element: *In der Liebe bleiben.* Die Liebe Jesu Christi dauert für immer, sie wird niemals zu Ende gehen, weil sie das Leben Gottes selbst ist. Diese Liebe besiegt die Sünde und verleiht die Kraft, wieder aufzustehen und neu anzufangen, weil sich das Herz durch die Vergebung erneuert und verjüngt. Alle wissen wir das: Unser Vater wird niemals müde zu lieben und seine Augen werden nicht müde, wenn er auf den Weg nach Hause blickt, um zu sehen, ob

> »Die Liebe Jesu Christi dauert für immer, sie wird niemals zu Ende gehen, weil sie das Leben Gottes selbst ist.«

der Sohn, der weggegangen ist und verloren war, zurückkehrt. Wir können von der Hoffnung Gottes sprechen: Unser Vater erwartet uns immer, er lässt nicht nur die Tür für uns offen, sondern er erwartet uns. Er nimmt Teil an diesem Warten auf die Kinder. Und dieser Vater wird genauso wenig müde, den anderen Sohn zu lieben, der, obwohl er immer bei ihm im Haus geblieben ist, dennoch seine Barmherzigkeit, sein Mitleid nicht teilt. Gott ist nicht nur der Ursprung der Liebe, sondern er lädt uns in Jesus Christus ein, seine Art zu lieben nachzuahmen: »Wie ich euch geliebt habe, so sollt auch ihr einander lieben« (Joh 13,34). In dem Maße, in dem die Christen diese Liebe leben, werden sie in der Welt zu glaubwürdigen Jüngern Christi. Die Liebe kann es nicht ertragen, in sich selbst verschlossen zu bleiben. Von ihrer Natur her ist sie offen, verbreitet sich und ist fruchtbar, ruft sie immer neue Liebe hervor. [...]

Predigt im Bußgottesdienst am 28. März 2014

Auf dem Weg des Leides –
auf dem Weg des Lebens

[...] Nachdem Jesus sich vergewissert hatte, dass Petrus und die anderen elf an ihn als den Messias und Sohn Gottes glaubten, »begann er, [ihnen] zu erklären, er müsse nach Jerusalem gehen und [...] vieles erleiden; er werde getötet werden, aber am dritten Tag werde er auferstehen« (Mt 16,21). Es ist ein kritischer Augenblick, in dem der Gegensatz zwischen der Denkweise Jesu und der seiner Jünger hervortritt.

Petrus fühlt sich sogar verpflichtet, den Meister zu tadeln, da er dem Messias kein derart unwürdiges Ende zuschreiben kann. Daraufhin tadelt Jesus seinerseits Petrus sehr heftig, er »weist ihn zurecht«, weil er »nicht das im Sinn [hat], was Gott will, sondern was die Menschen wollen« (V. 23) und – ohne es zu bemerken – die Rolle Satans, des Versuchers, spielt. Diesen Punkt unterstreicht in der Liturgie des heutigen Sonntags auch der Apostel Paulus, der in seinem Brief an die Christen von Rom schreibt: »Gleicht euch nicht dieser Welt an« – nicht die Denkmuster dieser Welt übernehmen –, »sondern wandelt euch und erneuert euer Denken, damit ihr prüfen und erkennen könnt, was der Wille Gottes ist: was ihm gefällt, was gut und vollkommen ist« (Röm 12,2).

Tatsächlich leben wir Christen in der Welt, ganz eingefügt in die gesellschaftliche und kulturelle Wirklichkeit unserer Zeit, und das ist richtig so; doch dies bringt die Gefahr mit sich, dass wir »weltlich« werden, die Gefahr, dass »das Salz seinen Geschmack verliert«, wie Jesus sagen würde (vgl. Mt 5,13), also dass der Christ »verwässert« wird, die Kraft der Neuheit verliert, die vom Herrn und vom Heiligen Geist kommt. Das Gegenteil müsste der Fall sein: Wenn in den Christen die Kraft des Evangeliums lebendig bleibt, dann kann sie »die Urteilskriterien, die bestimmenden Werte, die Interessenpunkte, die Denkgewohnheiten, die Quellen der Inspiration und die Lebensmodelle« umwandeln (Paul VI., Evangelii nuntiandi, 19). Es ist traurig, »verwässerte« Christen zu finden, die wie gestreckter Wein zu sein scheinen, und man weiß nicht, ob sie Christen oder weltlich sind, wie man beim gestreckten Wein nicht »Wandelt euch und erneuert euer Denken.« weiß, ob das nun Wein oder Wasser ist! Das ist traurig. Es ist traurig, dass es Christen gibt, die nicht mehr das Salz der Erde sind, und wir wissen, dass das Salz zu nichts mehr dient, wenn es seinen Geschmack verloren hat. Ihr Salz hat den Geschmack verloren, weil sie sich dem Geist der Welt ergeben haben, das heißt weil sie weltlich geworden sind.

Deshalb ist es notwendig, sich beständig zu erneuern und dabei aus der Lebenskraft des Evangeliums zu schöpfen. [...]

Angelusgebet am 31. August 2014

DER WEG IN DIE HOFFNUNG – KARWOCHE

Wer bin ich – Palmsonntag

Danke, Jesus – In der Mitte der Karwoche

Den Aufbruch wagen – Gründonnerstag

Im Angesichts des Kreuzes – Karfreitag

Wer bin ich – Palmsonntag

Diese Woche beginnt mit der festlichen Prozession mit den Olivenzweigen: Das ganze Volk empfängt Jesus. Die Kinder, die Jugendlichen singen und loben Jesus.

Aber diese Woche setzt sich fort im Geheimnis des Todes Jesu und seiner Auferstehung. Wir haben die Passion des Herrn gehört: Es wird uns guttun, wenn wir uns nur eine Frage stellen: Wer bin ich? Wer bin ich vor meinem Herrn? Wer bin ich vor Jesus, der festlich in Jerusalem einzieht? Bin ich fähig, meine Freude auszudrücken, ihn zu loben? Oder gehe ich auf Distanz? Wer bin ich vor dem leidenden Jesus?

Wir [nennen viele Namen]. Die Gruppe der führenden Persönlichkeiten, einige Priester, einige Pharisäer, einige Gesetzeslehrer, die entschieden hatten, ihn zu töten. Sie warteten auf die Gelegenheit, ihn zu fassen. Bin ich wie einer von ihnen?

Auch noch einen anderen Namen haben wir gehört: Judas. Dreißig Silberlinge. Bin ich wie Judas? Weitere Namen haben wir gehört: die Jünger, die nichts verstanden, die einschliefen, während der Herr litt. Ist mein Leben eingeschlafen? Oder bin ich wie die Jünger, die nicht begriffen, was es bedeutet, Jesus zu verraten; wie jener andere Jünger, der alles durch das Schwert lösen wollte: Bin ich wie sie? Bin ich wie Judas, der Liebe heuchelt und den Meister küsst, um ihn auszuliefern, ihn zu verraten? Bin ich – ein Verräter? Bin ich wie jene Vorsteher, die in Eile zu Gericht sitzen und falsche Zeugen suchen: Bin ich wie sie? Und wenn ich so etwas tue – falls ich es tue –, glaube ich, dass ich damit das Volk rette?

Bin ich wie Pilatus? Wenn ich sehe, dass die Situation schwierig ist, wasche ich mir dann die Hände, weiß ich dann meine Verantwortung nicht zu übernehmen und lasse Menschen verurteilen oder verurteile sie selber?

Bin ich wie jene Menschenmenge, die nicht genau wusste, ob sie sich in einer religiösen Versammlung, in einem Gericht oder in einem Zirkus befand, und Barabbas wählt? Für sie ist es gleich: Es war unterhaltsamer, Jesus zu demütigen.

Bin ich wie die Soldaten, die den Herrn schlagen, ihn bespucken, ihn beleidigen, sich mit der Demütigung des Herrn amüsieren?

Bin ich wie Simon von Zyrene, der müde von der Arbeit kam, aber den guten Willen hatte, dem Herrn zu helfen, das Kreuz zu tragen?

»Wer bin ich vor Jesus, der festlich in Jerusalem einzieht?«

Bin ich wie die, welche am Kreuz vorbeikamen und sich über Jesus lustig machten: »Er war doch so mutig! Er steige vom Kreuz herab, dann werden wir ihm glauben!« Sich über Jesus lustig machen ...

Bin ich wie jene mutigen Frauen und wie die Mutter Jesu, die dort waren und schweigend litten?

Bin ich wie Josef, der heimliche Jünger, der den Leib Jesu liebevoll trägt, um ihn zu begraben?

Bin ich wie die beiden Marien, die am Eingang des Grabes verharren, weinend und betend?

Bin ich wie diese Anführer, die am folgenden Tag zu Pilatus gehen, um zu sagen: »Schau, der hat gesagt, er werde auferstehen. Dass nur nicht noch ein Betrug geschieht!«; und die das Leben blockieren, das Grab zusperren, um die Lehre zu verteidigen, damit das Leben nicht herauskommt?

Wo ist mein Herz? Welchem dieser Menschen gleiche ich? Möge diese Frage uns die ganze Woche hindurch begleiten.

Predigt am Palmsonntag anlässlich
des XXIX. Weltjugendtages am 13. April 2014

Danke, Jesus –
In der Mitte der Karwoche

In der Mitte der Karwoche führt uns die Liturgie eine traurige Episode vor Augen: den Bericht über den Verrat des Judas, der zu den Hohepriestern geht, um zu feilschen und ihnen seinen Meister auszuliefern: »Was wollt ihr mir geben, wenn ich euch Jesus ausliefere?« Jesus hat in jenem Augenblick einen Preis. Dieser dramatische Vorgang bezeichnet den Beginn des Leidens Christi, einen schmerzhaften Weg, den er mit absoluter Freiheit wählt.

Er selbst sagt ganz deutlich: »Ich gebe mein Leben hin ... Niemand entreißt es mir, sondern ich gebe es aus freiem Willen hin. Ich habe Macht, es hinzugeben, und ich habe Macht, es wieder zu nehmen« (vgl. Joh 10,17-18). Und so beginnt mit diesem Verrat der Weg der Erniedrigung, der Entäußerung Jesu. So als wäre er auf dem Markt: Dieser kostet 30 Silberstücke ... Nachdem Jesus den Weg der Erniedrigung und der Entäußerung einmal eingeschlagen hat, geht er ihn bis zum Ende. Jesus erfährt schließlich die völlige Erniedrigung durch den »Tod am Kreuz«. Es handelt sich um den schlimmsten Tod; er war Sklaven und Schwerverbrechern vorbehalten. Jesus wurde als Prophet betrachtet, aber er stirbt wie ein Schwerverbrecher.

Wenn wir auf Jesus in seinem Leiden schauen, dann sehen wir gleichsam in einem Spiegel die Leiden der Menschheit und finden die göttliche Antwort auf das Geheimnis des Bösen, des Schmerzes, des Todes. Oft empfinden wir Entsetzen aufgrund des Bösen und des Leids, das uns umgibt, und wir fragen uns: »Warum lässt Gott das zu?« Es ist eine tiefe Wunde für uns, das Leiden und den Tod zu sehen, besonders wenn Unschuldige davon betroffen sind! Wenn wir die Kinder leiden sehen, ist es eine Verwundung des Herzens: Es ist das Geheimnis des Bösen. Und Jesus nimmt all dieses Böse, all dieses Leiden auf sich. In dieser Woche wird es uns allen guttun, auf den Gekreuzigten zu schauen, die Wunden Jesu zu küssen, sie am Gekreuzigten zu küssen. Er hat das ganze menschliche Leiden auf sich genommen, er hat sich mit diesem Leiden bekleidet.

Wir erwarten, dass Gott in seiner Allmacht das Unrecht, das Böse, die Sünde und das Leiden mit einem triumphierenden göttlichen Sieg überwindet. Gott dagegen zeigt uns einen demütigen Sieg, der aus menschlicher Sicht als Scheitern erscheint. Wir können sagen, dass Gott im Scheitern siegt! Denn der Sohn Gottes erscheint am Kreuz als besiegter Mensch: Er leidet, er wird verraten, er wird verhöhnt, und am Ende stirbt er. Aber Jesus lässt es zu, dass das Böse über ihn hereinbricht, und er nimmt es auf sich, um es zu besiegen. Sein Leiden ist kein Unfall; sein Tod – eben dieser Tod – stand »geschrieben«. Tatsächlich finden wir nicht viele Erklärungen. Es handelt sich um ein erschütterndes Geheimnis, das Geheimnis der großen Demut Gottes: »Denn Gott hat die Welt so sehr geliebt, dass er seinen einzigen Sohn hingab« (Joh 3,16). Denken wir in dieser Woche viel an den Schmerz Jesu und sagen wir uns: Das ist für mich. Auch wenn ich der einzige Mensch auf der Welt gewesen wäre, hätte er es getan. Er hat es für mich getan. Küssen wir den Gekreuzigten und sagen: für mich, danke Jesus, für mich.

Wenn alles verloren scheint, wenn niemand mehr bleibt – denn sie werden »den Hirten erschlagen, dann werden sich die Schafe der Herde zerstreuen« (Mt 26,31) –, dann greift Gott ein mit der Macht der Auferstehung. Die Auferstehung Jesu ist nicht das glückliche Ende eines schönen Märchens, sie ist nicht das »Happy End« eines Films, sondern sie ist das Eingreifen Gottes, des Vaters – dort, wo die menschliche Hoffnung zerbricht.

> »Im dunkelsten Augenblick greift Gott ein und erweckt zum Leben.«

Der Augenblick, in dem alles verloren scheint, der Augenblick des Schmerzes, in dem viele Menschen gleichsam das Bedürfnis verspüren, vom Kreuz hinabzusteigen, ist der Augenblick, an dem die Auferstehung am nächsten ist. Die Nacht ist am dunkelsten, bevor der Morgen anbricht, bevor das Licht beginnt. Im dunkelsten Augenblick greift Gott ein und erweckt zum Leben.

Jesus hat sich entschieden, diesen Weg zu gehen, und er ruft uns, ihm auf demselben Weg der Erniedrigung nachzufolgen. Wenn wir in gewissen Augenblicken des Lebens keinen Ausweg aus unseren Schwierigkeiten finden, wenn wir in der tiefsten Dunkelheit versinken, das ist der Augenblick unserer Erniedrigung und völligen Entäußerung, die Stunde, in der wir erfahren, dass wir schwach und Sünder sind. Und gerade dann, in diesem Augenblick, dürfen wir unser Scheitern nicht hinter einer Maske verbergen, sondern müssen uns vertrauensvoll der Hoffnung auf Gott öffnen, wie Jesus es getan hat. Liebe Brüder und Schwestern, in dieser Woche wird es uns guttun, ein Kreuz in die Hand zu nehmen, es immer wieder zu küssen und zu sagen: danke, Jesus, danke, Herr. So sei es. [...]

>»Gott hat die Welt so sehr geliebt, dass er seinen einzigen Sohn hingab‹ (Joh 3,16).«

Generalaudienz am 16. April 2014

Den Aufbruch wagen – Gründonnerstag

Das Leben in Freude salben

[...] Der Herr hat uns in Christus mit dem Öl der Freude gesalbt, und diese Salbung lädt uns ein, dieses große Geschenk – den Frohsinn, die priesterliche Freude – zu empfangen und sie uns zu eigen zu machen. Der Frohsinn des Priesters ist ein kostbares Gut nicht allein für ihn, sondern für das ganze gläubige Volk Gottes: jenes gläubige Volk, aus dessen Mitte der Priester berufen wird, um gesalbt zu werden, und zu dem er gesandt ist, um zu salben.

Gesalbt mit dem Öl der Freude, um mit dem Öl der Freude zu salben. Die Freude des Priesters hat ihre Quelle in der Liebe des Vaters, und der Herr möchte, dass die Freude über diese Liebe »in uns« sei und dass sie »vollkommen« sei (vgl. Joh 15,11). Ich denke gerne an die Freude im Blick auf die Muttergottes: Maria, die »Mutter des lebendigen Evangeliums«, ist eine »Quelle der Freude für die Kleinen« (Apostolisches Schreiben Evangelii gaudium, 288), und ich glaube, dass wir nicht übertreiben, wenn wir sagen, dass der Priester ein ganz kleiner Mensch ist: Die unermessliche Größe der Gabe, die uns für den Dienst geschenkt ist, versetzt uns unter die kleinsten der Menschen. Der Priester ist der ärmste der Menschen, wenn Jesus ihn nicht durch seine Armut reich macht; er ist der nutzloseste Knecht, wenn Jesus ihn nicht Freund nennt, der dümmste der Menschen, wenn Jesus ihn nicht geduldig lehrt wie den Petrus; er ist der hilfloseste der Christen, wenn der Gute Hirte ihn nicht inmitten der Herde stärkt. Niemand ist kleiner als ein Priester, der nur seinen eigenen Kräften überlassen bleibt. Darum ist unser Gebet zur Verteidigung gegen alle Nachstellungen des Bösen das unserer

Mutter: Ich bin Priester, weil Er gütig auf meine Niedrigkeit geschaut hat (vgl. Lk 1,48). Und von dieser Kleinheit aus nehmen wir unsere Freude in uns auf – Freude in unserem Kleinsein!

Ich finde drei bedeutsame Wesensmerkmale in unserer priesterlichen Freude: Es ist eine Freude, die *uns salbt* (nicht etwa uns »einölt« und uns salbungsvoll-heuchlerisch, glanzliebend oder selbstgefällig glatt macht), es ist eine *unvergängliche* Freude, und es ist eine *missionarische* Freude, die auf alle ausstrahlt und alle anzieht, in umgekehrter Reihenfolge: angefangen bei den Fernsten.

Eine Freude, die uns salbt. Das heißt: Sie ist zuinnerst in unser Herz eingedrungen, hat es geformt und sakramental gestärkt. Die Zeichen der Weiheliturgie sprechen zu uns von dem mütterlichen Wunsch, den die Kirche hat, alles, was der Herr uns gegeben hat, zu übertragen und mitzuteilen: die Handauflegung, die Salbung mit dem heiligen Chrisam, die Bekleidung mit den liturgischen Gewändern, die unmittelbare Beteiligung an der ersten Konsekration ... Die Gnade erfüllt uns und breitet sich unvermindert, reichlich und vollständig in jedem Priester aus. Ich würde sagen: Gesalbt bis ins Mark ... und unsere Freude, die aus dem Innern hervorsprudelt, ist der Widerhall dieser Salbung.

»Die Freude des Priesters steht in inniger Beziehung zum heiligen gläubigen Gottesvolk.«

Eine unvergängliche Freude. Die Vollständigkeit der Gabe, der niemand etwas wegnehmen noch hinzufügen kann, ist eine ununterbrochene Quelle der Freude: einer unvergänglichen Freude, von der der Herr versprochen hat, dass niemand sie uns nehmen kann (vgl. Joh 16,22). Sie kann eingeschläfert oder blockiert werden durch die Sünde oder die Sorgen des Lebens, aber in der Tiefe bleibt sie unberührt wie ein glühender Holzscheit unter der Asche und kann immer neu entfacht werden. Die Ermahnung des Apostels Paulus an Timotheus bleibt stets aktuell: Ich rufe dir ins Gedächtnis: Entfache das Feuer der Gabe Gottes wieder,

das dir durch die Auflegung meiner Hände zuteilgeworden ist.
(vgl. 2 Tim 1,6).

Eine missionarische Freude. Dieses dritte Wesensmerkmal
möchte ich in besonderer Weise darlegen und unterstreichen:
Die Freude des Priesters steht
in inniger Beziehung zum hei- »Wer berufen ist, soll wissen, dass
ligen gläubigen Gottesvolk, es in dieser Welt eine echte und voll-
denn es handelt sich um eine kommene Freude gibt.«
überwiegend missionarische Freude. Die Salbung ist dazu da,
das heilige gläubige Gottesvolk zu salben: zu taufen und zu fir-
men, zu heilen und zu weihen, zu segnen, zu trösten und zu
evangelisieren.

Und da es eine Freude ist, die nur fließt, wenn der Hirte inmitten seiner Herde ist (auch in der Stille des Gebetes ist der
Hirte, der den himmlischen Vater anbetet, mitten unter seinen
Schafen), darum ist es eine von ebendieser Herde »gehütete
Freude«. Selbst in den Momenten der Traurigkeit, in denen
sich alles zu verdunkeln scheint und der Schwindel der Ver-
einsamung uns verführt – jene Momente der Apathie und der
Interesselosigkeit, die manchmal im Priesterleben über uns he-
reinbrechen (und die auch ich durchgemacht habe) –, sogar in
diesen Momenten ist das Volk Gottes imstande, die Freude zu
hüten, kann es dich schützen, dich umarmen, dir helfen, das
Herz zu öffnen und wieder neu Freude zu finden.

»Gehütete Freude« durch die Herde und gehütet auch durch
drei Schwestern, die sie umgeben, schützen und verteidigen:
Schwester Armut, Schwester Treue und Schwester Folgsamkeit.

*Die Freude des Priesters ist eine Freude, welche die Armut zur
Schwester hat.* Der Priester ist arm an rein menschlicher Freude:
Er hat auf so vieles verzichtet! Und da er, der den anderen so
viel gibt, arm ist, muss er seine Freude vom Herrn und vom
gläubigen Gottesvolk erbitten. Er darf sie sich nicht selbst be-
schaffen. Wir wissen, dass unser Volk äußerst großherzig ist in

seinem Dank an die Priester für die kleinsten Gesten des Segens und in besonderer Weise für die Sakramente. Viele berücksichtigen, wenn sie von der Identitätskrise der Priester sprechen, nicht die Tatsache, dass Identität Zugehörigkeit voraussetzt. Es gibt keine Identität – und damit Lebensfreude – ohne aktive und engagierte Zugehörigkeit zum gläubigen Volk Gottes (vgl. Apostolisches Schreiben *Evangelii gaudium,* 268). Der Priester, der sich einbildet, die priesterliche Identität zu finden, indem er introspektiv in sein Innerstes hinabtaucht, wird dort wohl nichts anderes finden als Zeichen, die auf den »Ausgang« verweisen: Geh aus dir selbst heraus, geh hinaus und suche Gott in der Anbetung, geh hinaus und gib deinem Volk, was dir anvertraut ist, und dein Volk wird dafür sorgen, dass du spürst und erfährst, wer du bist, wie du heißt, was deine Identität ist, und es wird dir hundertfach Freude verschaffen, wie es der Herr seinen Knechten versprochen hat. Wenn du nicht aus dir herausgehst, wird das Öl ranzig und die Salbung kann keine Frucht bringen. Aus sich herauszugehen verlangt, sich selbst zu entäußern, schließt Armut ein.

Die priesterliche Freude ist eine Freude, welche die Treue zur Schwester hat. Nicht so sehr in dem Sinn, dass wir alle »unbefleckt« wären (schön wär's, wenn wir es mit Gottes Gnade schafften!), denn wir sind Sünder; vielmehr in dem Sinn einer immer neuen Treue gegenüber der einzigen Braut, der Kirche. Darin liegt der Schlüssel zur Fruchtbarkeit. Die geistlichen Söhne und Töchter, die der Herr jedem Priester schenkt, jene, die er getauft hat, die Familien, die er gesegnet und denen er geholfen hat, sich auf den Weg zu machen, die Kranken, die er aufrichtet, die Jugendlichen, mit denen er den Weg der Katechese und der Formung geht, die Armen, die er unterstützt ... sie sind diese »Braut«, und es ist seine Freude, sie als seine auserwählte und einzige Geliebte zu behandeln und ihr immer neu treu zu sein. Die lebendige Kirche ist es, mit Vor- und Zunamen, die der

Priester in seiner Pfarrei oder in der ihm übertragenen Aufgabe hütet – sie ist es, die ihm Freude bringt, wenn er ihr treu ist, wenn er alles tut, was er tun muss und alles hinter sich lässt, was er lassen muss, um nur inmitten der Schafe zu bleiben, die der Herr ihm anvertraut hat: »Weide meine Schafe!« (Joh 21,16.17).

Die priesterliche Freude ist eine Freude, welche die Folgsamkeit zur Schwester hat. Folgsamkeit gegenüber der Kirche in der Hierarchie, die uns nicht nur sozusagen den äußeren Rahmen des Gehorsams gibt – die Pfarrei, zu der ich geschickt werde, die priesterlichen Befugnisse, die spezielle Aufgabe –, sondern auch die Verbindung zu Gott, dem Vater,

»Der Priester ist der Ärmste der Menschen, wenn Jesus ihn nicht durch seine Armut reich macht.«

in dem alle Vaterschaft ihren Ursprung hat. Doch auch Folgsamkeit gegenüber der Kirche im Dienst: unverzügliche Bereitschaft, allen immer und bestmöglich zu dienen nach dem Vorbild »Unserer Lieben Frau von der unverzüglichen Bereitschaft« (vgl. Lk 1,39: *meta spoudes*), die sich eilends aufmacht, um ihrer Cousine zu dienen, und auf die Küche von Kana achtet, wo der Wein fehlt. Die Bereitschaft des Priesters macht die Kirche zum Haus der offenen Türen, zum Zufluchtsort für die Sünder, zur Heimstätte für die, welche auf der Straße leben, zum Pflegeheim für die Kranken, zum Zeltlager für die Jugendlichen, zum Katecheseraum für die Erstkommunionkinder ... Wo das Volk Gottes einen Wunsch oder eine Not hat, da ist der Priester zur Stelle, der zuzuhören (*ob-audire*) weiß und einen liebevollen Auftrag Christi verspürt, der ihn sendet, um mit Barmherzigkeit in jener Not zu helfen oder jene guten Wünsche mit kreativer Nächstenliebe zu unterstützen.

Wer berufen ist, soll wissen, dass es in dieser Welt eine echte und vollkommene Freude gibt: die Freude, aus dem Volk, das man liebt, herausgenommen zu sein, um zu ihm gesandt zu werden als Spender der Gaben und der Tröstungen Jesu, des einzigen Guten Hirten. Voll herzlichen Mitgefühls für all die Kleinen und die Ausgeschlossenen dieser Erde, die erschöpft und unterdrückt sind wie Schafe ohne Hirten, wollte dieser viele mit seinem Dienst vereinen, um in der Person des Priesters selber für das Wohl seines Volkes da zu sein und zu wirken.

An diesem Gründonnerstag bitte ich Jesus, den Herrn, dass er viele junge Menschen jene Glut des Herzens entdecken lässt, die ein Feuer der Freude entfacht, sobald man den Wagemut aufbringt, unverzüglich auf seinen Ruf zu antworten.

An diesem Gründonnerstag bitte ich Jesus, den Herrn, dass er das frohe Leuchten in den Augen der Neugeweihten bewahre, die ausziehen, um die Welt »abzuweiden«, um sich inmitten des gläubigen Gottesvolkes aufzureiben; die sich freuen bei der Vorbereitung der ersten Predigt, der ersten Messe, der ersten Taufe, der ersten Beichte ... Es ist die Freude, zum ersten Mal als Gesalbte – voller Staunen – den Schatz des Evangeliums austeilen zu können und zu spüren, dass das gläubige Volk wiederum dich salbt, in einer anderen Weise: mit ihren Bitten, wenn sie den Kopf vor dir neigen, damit du sie segnest, wenn sie dir die Hände drücken, wenn sie dir ihre Kinder bringen, wenn sie für ihre Kranken bitten ... Bewahre, Herr, in deinen jungen Priestern die Freude des Aufbruchs, alles wie etwas Neues zu tun, die Freude, ihr Leben für dich zu verbrennen. [...]

Predigt in der Chrisam-Messe am Gründonnerstag, 17. April 2014

Vom Abendmahlssaal in die Welt

[...] Vom Vater gesandt, übertrug der auferstandene Jesus im Abendmahlssaal den Aposteln seinen eigenen Geist, und mit seiner Kraft sandte er sie aus, das Antlitz der Erde zu erneuern (vgl. Ps 104,30).

Hinausgehen, aufbrechen heißt nicht vergessen. Die Kirche im Aufbruch bewahrt das *Gedächtnis* dessen, was hier geschehen ist; *der Heilige Geist erinnert sie* an jedes Wort, an jede Geste und offenbart deren Sinn.

Der Abendmahlssaal erinnert uns an den *Dienst*, an die Fußwaschung, die Jesus vorgenommen hat, als Beispiel für seine Jünger. Einander die Füße waschen bedeutet einander annehmen, akzeptieren, lieben, einander dienen. Das heißt, dem Armen, »Alle sind Geschwister und Kinder des einen Vaters im Himmel.« dem Kranken, dem Ausgeschlossenen zu dienen, dem, der mir unsympathisch ist, dem, der mir lästig fällt.

Der Abendmahlssaal erinnert uns mit der Eucharistie an das *Opfer*. In jeder Eucharistiefeier bringt Jesus sich für uns dem Vater dar, damit auch wir uns mit ihm verbinden können, indem wir Gott unser Leben, unsere Arbeit, unsere Freuden und unsere Leiden darbringen ..., alles als ein Opfer im Geiste darbringen.

Und der Abendmahlssaal erinnert uns auch an die Freundschaft. »Ich nenne euch nicht mehr Knechte«, sagte Jesus zu den zwölf, »... vielmehr habe ich euch Freunde genannt« (Joh 15,15). Der Herr macht uns zu seinen Freunden, er weiht uns in den Willen des Vaters ein und schenkt uns sich selbst. Das ist die schönste Erfahrung des Christen und in besonderer Weise des Priesters: Freund Jesu, des Herrn, zu werden und im Herzen zu entdecken, dass Er Freund ist.

Der Abendmahlssaal erinnert uns an den *Abschied* des Meisters und an die *Verheißung*, wieder mit seinen Freunden zusammenzukommen: »Wenn ich gegangen bin ... komme ich wieder und werde euch zu mir holen, damit auch ihr dort seid, wo ich bin« (Joh 14,3). Jesus trennt sich nicht von uns, er verlässt uns nie, er geht uns voran in das Haus des Vaters, und dorthin will er uns mitnehmen.

»Wie viel Liebe, wie viel Gutes ist aus dem Abendmahlssaal hervorgegangen!«

Aber der Abendmahlssaal erinnert uns auch an die *Kleinlichkeit*, an die *Neugier* – »Wer ist der Verräter?« –, an den *Verrat*. Und jeder von uns, nicht immer nur die anderen, kann diese Verhaltensweisen annehmen, wenn wir selbstgefällig auf den Bruder schauen, ihn verurteilen; wenn wir mit unseren Sünden Jesus verraten.

Der Abendmahlssaal erinnert uns an das *Miteinander-Teilen*, an die *Brüderlichkeit*, an die *Harmonie*, an den *Frieden* unter uns. Wie viel Liebe, wie viel Gutes ist aus dem Abendmahlssaal hervorgegangen! Wie viel Nächstenliebe ist von hier ausgegangen, wie ein Fluss aus der Quelle, der anfangs ein Bach ist und dann anschwillt und groß wird ... Alle Heiligen haben hier aus dieser Quelle geschöpft; der große Strom der Heiligkeit der Kirche nimmt immer von hier aus seinen Anfang, immer neu, vom Herzen Jesu, von der Eucharistie, von seinem Heiligen Geist her.

Schließlich erinnert uns der Abendmahlssaal an die Geburt der *neuen Familie,* der Kirche, unserer heiligen Mutter Kirche, die hierarchisch ist und vom auferstandenen Jesus gegründet wurde. Eine Familie, die eine Mutter hat, die Jungfrau Maria. Die christlichen Familien gehören zu dieser großen Familie, und in ihr finden sie Licht und Kraft, um durch die Mühen und Prüfungen des Lebens hindurch voranzugehen und sich zu erneuern. In diese große Familie sind alle Kinder Gottes aus allen Völkern und Sprachen eingeladen – alle Geschwister und Kinder des einen Vaters im Himmel.

Das ist der Horizont des Abendmahlssaals: der Horizont des Auferstandenen und der Kirche.

Von hier geht die Kirche im Aufbruch aus, belebt vom Lebenshauch des Geistes. Indem sie zusammen mit der Mutter Jesu im Gebet verharrt, lebt sie immer wieder in der Erwartung einer erneuten Ausgießung des Heiligen Geistes: Dein Geist, o Herr, komme herab und erneuere das Antlitz der Erde (vgl. Ps 104,30)!

Predigt in der Eucharistiefeier im Abendmahlssaal in Jerusalem
anlässlich der Reise ins Heilige Land, 26. Mai 2014

Im Angesicht des Kreuzes – Karfreitag

Gott hat auf das Kreuz Jesu alle Last unserer Sünden gelegt, alles Unrecht, das jeder Kain gegen seinen Bruder verübt, alle Bitterkeit des Verrats des Judas und des Petrus, alle Eitelkeit der Anmaßenden, alle Arroganz der falschen Freunde. Es war ein schweres Kreuz, schwer wie die Nacht der alleingelassenen Menschen, schwer wie der Tod der lieben Menschen, schwer, weil es die ganze Schändlichkeit des Bösen zusammenfasst.

»Angesichts des Kreuzes fühlen wir uns als ›Kinder‹ und nicht als ›Dinge‹ oder ›Gegenstände‹.«

Dennoch ist es auch ein Kreuz, das glorreich ist wie die Morgenröte nach einer langen Nacht, da es in allem die Liebe Gottes darstellt, die größer ist als unsere Missetaten und Treuebrüche. Am Kreuz sehen wir das Ungeheuerliche des Menschen, wenn er sich vom Bösen leiten lässt; doch wir sehen auch die Unermesslichkeit der Barmherzigkeit Gottes, der nicht unseren Sünden entsprechend handelt, sondern gemäß seiner Barmherzigkeit.

Angesichts des Kreuzes Jesu sehen wir und greifen dabei gleichsam mit Händen, wie sehr wir von Ewigkeit her geliebt sind. Angesichts des Kreuzes fühlen wir uns als »Kinder« und nicht als »Dinge« oder »Gegenstände«, wie der heilige Gregor von Nazianz sagte, als er sich mit diesem Gebet an Christus wandte: »Wenn du nicht wärst, mein Christus, würde ich mich als endliches Geschöpf fühlen. Ich bin geboren worden und ich spüre, wie ich vergehe. Ich esse, ich schlafe, ich ruhe mich aus und gehe, ich werde krank und genese.

Zahllose Verlangen und Qualen ergreifen mich, ich genieße die Sonne und was die Erde an Frucht hervorbringt. Dann sterbe ich und das Fleisch wird zu Staub wie das der Tiere, die nicht gesündigt haben. Doch ich, was habe ich mehr als sie? Nichts, wenn nicht Gott. Wenn du nicht wärest, mein Christus, würde ich mich als endliches Geschöpf fühlen. O unser Jesus, führe uns vom Kreuz hin zur Auferstehung und lehre uns, dass nicht das Böse das letzte Wort haben wird, sondern die Liebe, die Barmherzigkeit, die Vergebung.

O Christus, helfe uns, erneut auszurufen: ›Gestern wurde ich mit Christus gekreuzigt, heute werde ich mit ihm verherrlicht. Gestern wurde ich mit ihm getötet, heute werde ich mit ihm zum Leben gerufen. Gestern wurde ich mit ihm begraben, heute werde ich mit ihm auferweckt.‹« [...]

Kreuzweg am Kolosseum am Karfreitag, 18. April 2014

ZEIT DER FREUDE, ZEIT DES AUFBRUCHS – OSTERZEIT

Fürchtet euch nicht! – Osternacht

Das Evangelium von der Auferstehung Jesu Christi beginnt mit dem Gang der Frauen zum Grab im Morgengrauen des Tages nach dem Sabbat. Sie gehen zur Grabeshöhle, um den Leichnam des Herrn zu ehren, doch sie finden sie geöffnet und leer. Ein mächtiger Engel sagt ihnen: »Fürchtet euch nicht!« (Mt 28,5), und beauftragt sie zu gehen und den Jüngern die Nachricht zu bringen: »Er ist von den Toten auferstanden. Er geht euch voraus nach Galiläa« (V. 7). Die Frauen laufen eilends fort, und unterwegs kommt Jesus selbst ihnen entgegen und sagt: »Fürchtet euch nicht! Geht und sagt meinen Brüdern, sie sollen nach Galiläa gehen, und dort werden sie mich sehen« (V. 10). »Habt keine Angst«, »fürchtet euch nicht«: Das ist eine Stimme, die uns ermutigt, das Herz zu öffnen, um diese Verkündigung zu empfangen.

Nach dem Tod des Meisters waren die Jünger auseinandergelaufen; ihr Glaube war zerbrochen, alles schien beendet, die Gewissheiten in sich zusammengefallen, die Hoffnungen erloschen. Jetzt aber drang diese Verkündigung der Frauen, so unglaublich sie war, wie ein Lichtstrahl ins Dunkel ein. Die Nachricht verbreitet sich: Jesus ist auferstanden, wie er vorhergesagt hatte … Und auch jener Auftrag, nach *Galiläa* zu gehen; zweimal hatten ihn die Frauen gehört, zuerst vom Engel, dann von Jesus selbst: »Sie sollen nach Galiläa gehen, dort werden sie mich sehen.« »Fürchtet euch nicht« und »geht nach Galiläa!«

Galiläa ist *der Ort der ersten Berufung, wo alles seinen Anfang genommen hatte!* Dorthin zurückkehren, zum Ort der ersten Berufung zurückkehren. Am Ufer des Sees war Jesus entlanggegangen, als die Fischer gerade ihre Netze auswarfen. Er hatte sie gerufen, und sie hatten alles hinter sich gelassen und waren ihm gefolgt (vgl. Mt 4,18-22).

Nach Galiläa zurückkehren bedeutet, alles vom Kreuz und vom Sieg her neu zu lesen; ohne Angst, »fürchtet euch nicht!«. Alles neu lesen – die Verkündigung, die Wunder, die neue Gemeinschaft, die Begeisterungen und die Rückzieher bis hin zum Verrat – alles neu lesen von dem Ende her, das ein neuer Anfang ist, *von diesem höchsten Akt der Liebe her.*

Auch *für jeden von uns steht ein »Galiläa«* am Anfang unseres Weges mit Jesus. »Nach Galiläa gehen« bedeutet etwas Schönes; es bedeutet für uns, unsere Taufe wiederzuentdecken als eine lebendige Quelle, neue Energie aus dem Ursprung unseres Glaubens und unserer christlichen Erfahrung zu schöpfen. Nach Galiläa zurückkehren bedeutet vor allem, dorthin, zu jenem glühenden Augenblick zurückzukehren, in dem die

»›Habt keine Angst.‹ ›Fürchtet euch nicht!‹«

Gnade Gottes mich am Anfang meines Weges berührt hat. An diesem Funken kann ich das Feuer für das Heute, für jeden Tag entzünden und Wärme und Licht zu meinen Brüdern und Schwestern tragen. An diesem Funken entzündet sich eine demütige Freude, eine Freude, die dem Schmerz und der Verzweiflung nicht wehtut, eine gute und sanfte Freude.

Im Leben des Christen gibt es nach der Taufe auch noch ein anderes »Galiläa«, *ein noch existenzielleres »Galiläa«:* die Erfahrung der *persönlichen Begegnung mit Jesus Christus,* der mich gerufen hat, ihm zu folgen und an seiner Sendung teilzuhaben. In diesem Sinn bedeutet nach Galiläa zurückkehren, die lebendige Erinnerung an diese Berufung im Herzen zu bewahren, als Jesus meinen Weg gekreuzt hat, mich barmherzig angeschaut und mich aufgefordert hat, ihm zu folgen; nach Galiläa zurückkehren bedeutet, die Erinnerung an jenen Moment zurückzuholen, in dem sein Blick dem meinen begegnet ist, den Moment, in dem er mich hat spüren lassen, dass er mich liebte.

Heute, in dieser Nacht, kann jeder von uns sich fragen: *Welches ist mein Galiläa?* Es geht darum, Gedächtnis zu halten, mit der Erinnerung zurückzugehen. Wo ist mein Galiläa? Erinnere ich mich daran? Habe ich es vergessen? Suche es, und du wirst es finden! Dort erwartet dich der Herr. Bin ich Wege und Pfade gegangen, die es mich haben vergessen lassen? Herr, hilf mir: Sag mir, welches mein Galiläa ist; weißt du, ich will dorthin zurückkehren, um dich zu treffen und mich von deiner Barmherzigkeit umarmen zu lassen. Habt keine Angst, fürchtet euch nicht, geht nach Galiläa zurück!

»Es ist ein Zurückkehren zur ersten Liebe, um das Feuer zu empfangen, das Jesus in der Welt entzündet hat.«

Das Evangelium ist klar: Man muss dorthin zurückkehren, um den auferstandenen Jesus zu sehen und Zeuge seiner Auferstehung zu werden. Es ist kein Rückwärtsgehen, es ist keine Nostalgie. Es ist ein Zurückkehren zur ersten Liebe, um *das Feuer zu empfangen,* das Jesus in der Welt entzündet hat, und es allen zu bringen, bis an die Enden der Erde. Nach Galiläa zurückkehren ohne Angst.

Das »heidnische Galiläa« (Mt 4,15; Jes 8,23): Horizont des Auferstandenen, Horizont der Kirche; sehnliches Verlangen nach Begegnung ... Machen wir uns auf den Weg!

Predigt in der Vigil der Osternacht, 19. April 2014

Christus ist auferstanden! – Ostersonntag

Frohe Ostern! »Christòs anèsti! – Alethòs anèsti!«, »Christus ist auferstanden! – Er ist wahrhaft auferstanden!« Er ist unter uns. In dieser Woche können wir fortfahren, die Osterwünsche auszutauschen, als sei es ein einziger Tag. Es ist der große Tag, den der Herr gemacht hat.

Die vorherrschende Empfindung, die aus den Berichten über die Auferstehung im Evangelium durchscheint, ist eine von Staunen erfüllte Freude, ja von großem Staunen! Die Freude kommt von innen! Und in der Liturgie erleben wir erneut den Gemütszustand der Jünger aufgrund der Nachricht, die ihnen die Frauen gebracht hatten: Jesus ist auferstanden! Wir haben ihn gesehen!

»Die Freude kommt von innen!«

Lassen wir es zu, dass sich diese dem Evangelium eingeprägte Erfahrung auch in unsere Herzen einprägt und in unserem Leben durchscheint. Lassen wir es zu, dass das freudige Staunen des Ostersonntags in die Gedanken, Blicke, Haltungen, Gesten und Worte ausstrahlt ... Wären wir doch so strahlend! Doch das ist keine Kosmetik! Es kommt von innen, von einem in die Quelle dieser Freude eingetauchten Herzen, wie das von Maria Magdalena, die wegen des Verlustes ihres Herrn weinte und ihren Augen nicht traute, als sie sah, dass er auferstanden war. Wer diese Erfahrung macht, wird Zeuge der Auferstehung, weil er in einem gewissen Sinn selbst auferstanden ist, weil sie selbst auferstanden ist. Dann ist man fähig, einen »Strahl« des Lichts des Auferstandenen in die verschiedenen Lebenssituationen hineinzutragen: in die glücklichen Situationen, die er schöner macht und vor dem Egoismus bewahrt;

in die schmerzhaften Situationen, indem er Gelassenheit und Hoffnung bringt.

In dieser Woche wird es uns guttun, das Buch mit den Evangelien zur Hand zu nehmen und jene Kapitel zu lesen, die von der Auferstehung Jesu sprechen. Das wird uns sehr guttun! Das Buch nehmen, die Kapitel heraussuchen und das lesen. Es wird uns in dieser Woche auch guttun, an die Freude Marias, der Mutter Jesu, zu denken. Ebenso tief wie ihr Schmerz war, sodass er ihre Seele durchbohrt hat, ebenso innig und tief ist ihre Freude gewesen, und aus ihr konnten die Jünger schöpfen. Nachdem Maria durch die Erfahrung des Todes und der Auferstehung ihres Sohnes gegangen ist, die im Glauben als höchster Ausdruck der Liebe Gottes gesehen werden, ist ihr Herz zu einer Quelle des Friedens, des Trostes, der Hoffnung, der Barmherzigkeit geworden. Alle Vorrechte unserer Mutter ergeben sich hieraus, aus ihrer Teilhabe am Pascha Jesu. Vom Freitag bis zum Morgen des Sonntags hat sie die Hoffnung nicht verloren: Wir haben sie als die schmerzhafte Mutter betrachtet, aber gleichzeitig als Mutter voller Hoffnung. Sie, die Mutter aller Jünger, die Mutter der Kirche, ist Mutter der Hoffnung.

Sie, die stille Zeugin des Todes und der Auferstehung Jesu, bitten wir, dass sie uns in die österliche Freude hineinführe. [...]

Regina-Coeli-Gebet am 21. April 2014

Sein Wort hören –
Die Eucharistie leben

[...] [Die Emmausjünger] waren zwei Jünger Jesu, die nach seinem Tod, nachdem der Sabbat vorüber war, Jerusalem verlassen und traurig und niedergeschlagen in ihr Dorf namens Emmaus zurückkehrten. Auf dem Weg kam der auferstandene Jesus hinzu, doch sie erkannten ihn nicht. Als er sah, wie traurig sie waren, half er ihnen zu verstehen, dass Leiden und Tod des Messias im Plan Gottes vorgesehen und in der Heiligen Schrift angekündigt worden waren; und so entzündete er erneut das Feuer der Hoffnung in ihren Herzen.

An diesem Punkt fühlten die Jünger sich von diesem geheimnisvollen Mann außerordentlich angezogen und luden ihn ein, an jenem Abend bei ihnen zu bleiben. Jesus nahm an und ging mit ins Haus hinein. Und als er mit ihnen bei Tisch war, den Lobpreis sprach und das Brot brach, erkannten sie ihn, doch er verschwand vor ihren Augen und ließ sie voller Staunen zurück. Nachdem sie vom Wort erleuchtet worden waren, hatten sie den auferstandenen Jesus im Brechen des Brotes erkannt, dem neuen Zeichen seiner Gegenwart. Und sofort verspürten sie das Bedürfnis, nach Jerusalem zurückzukehren, um den anderen Jüngern diese ihre Erfahrung mitzuteilen, dass sie dem lebendigen Jesus begegnet waren und ihn in jener Geste des Brotbrechens erkannt hatten.

Der Weg nach Emmaus wird so zum Symbol unseres Glaubensweges: Die Schrift und die Eucharistie sind die Elemente, die für die Begegnung mit dem Herrn unverzichtbar sind. Auch wir kommen oft in die Sonntagsmesse mit unseren Sorgen, mit unseren Schwierigkeiten und Enttäuschungen ...

Bisweilen verletzt uns das Leben und wir gehen traurig weg, hin zu unserem »Emmaus«, und wenden dem Plan Gottes den Rücken zu. Wir entfernen uns von Gott. Doch der Wortgottesdienst nimmt uns auf: Jesus erklärt uns die Schrift und entzündet in unseren Herzen erneut die Glut des Glaubens und der Hoffnung, und in der Kommunion gibt er uns Kraft. Wort Gottes und Eucharistie. Jeden Tag einen Abschnitt aus dem Evangelium lesen. Denkt daran: jeden Tag einen Abschnitt aus dem Evangelium lesen, und an den Sonntagen zur Kommunion gehen, um Jesus zu empfangen.

»Die Schrift und die Eucharistie sind die Elemente, die für die Begegnung mit dem Herrn unverzichtbar sind.«

So ist es den Emmausjüngern ergangen: Sie haben das Wort aufgenommen; sie haben das Brechen des Brotes geteilt, und sie, die sich zuvor traurig und niedergeschlagen fühlten, sind froh geworden. Das Wort Gottes und die Eucharistie, liebe Brüder und Schwestern, erfüllen uns immer mit Freude. Ruft es euch gut ins Gedächtnis! Wenn du traurig bist, nimm das Wort Gottes. Wenn du niedergeschlagen bist, nimm das Wort Gottes und geh zur Sonntagsmesse, um die Kommunion zu empfangen, um am Geheimnis Jesu Anteil zu haben. Wort Gottes, Eucharistie: Sie erfüllen uns mit Freude.

Auf die Fürsprache der allerseligsten Jungfrau Maria wollen wir beten, dass jeder Christ, wenn er die Erfahrung der Emmausjünger besonders in der Sonntagsmesse nachempfindet, die Gnade der verwandelnden Begegnung mit dem Herrn neu entdeckt, mit dem auferstandenen Herrn, der immer bei uns ist. Es gibt immer ein Wort Gottes, das uns Orientierung schenkt, wenn wir vom Weg abgekommen sind, und über unsere Müdigkeiten und Enttäuschungen hinweg gibt es immer ein gebrochenes Brot, das uns den Weg weitergehen lässt.

Regina-Coeli-Gebet am 4. Mai 2014

»Was sucht ihr den Lebenden bei den Toten?«

Diese Woche ist die Woche der Freude: Wir feiern die Auferstehung Jesu. Es ist eine wahre, tiefe Freude, die auf der Gewissheit gründet, dass der auferstandene Christus nunmehr nicht mehr stirbt, sondern lebendig ist und in der Kirche und in der Welt wirkt. Diese Gewissheit wohnt im Herzen der Gläubigen seit jenem Ostermorgen, als die Frauen zum Grab Jesu gingen und die Engel zu ihnen sagten: »Was sucht ihr den Lebenden bei den Toten?« (Lk 24,5). »Was sucht ihr den Lebenden bei den Toten?« Diese Worte sind gleichsam ein Meilenstein in der Geschichte; aber auch ein »Stein des Anstoßes«, wenn wir uns nicht öffnen für die Frohbotschaft, wenn wir meinen, dass ein toter Jesus weniger lästig ist als ein lebendiger Jesus! Wie oft muss uns jedoch auf unserem alltäglichen Weg gesagt werden: »Was sucht ihr den Lebenden bei den Toten?« Wie oft suchen wir das Leben bei den toten Dingen, bei den Dingen, die kein Leben schenken können, bei den Dingen, die heute sind und morgen nicht mehr sein werden, bei den Dingen, die vergehen … »Was sucht ihr den Lebenden bei den Toten?«

Wir brauchen dies, wenn wir uns in irgendeiner Form von Egoismus oder Selbstgefälligkeit verschließen; wenn wir uns von den weltlichen Mächten und von den Dingen dieser Welt verführen lassen und Gott und den Nächsten vergessen; wenn wir unsere Hoffnungen in weltliche Eitelkeiten, Geld, Erfolg setzen. Dann sagt uns das Wort Gottes: »Was sucht ihr den Lebenden bei den Toten?« Warum suchst du da? Das kann dir kein Leben schenken! Ja, vielleicht macht es dir Vergnügen, für eine

> »Er wird stets bei uns sein, um die Richtung zu ändern, wenn wir uns geirrt haben.«

Minute, einen Tag, eine Woche, einen Monat ... und dann? »Was sucht ihr den Lebenden bei den Toten?« Dieses Wort muss ins Herz eindringen, und wir müssen es immer wieder sagen. [...]

Es ist nicht einfach, offen zu sein für Jesus. Es ist nicht selbstverständlich, das Leben des Auferstandenen und seine Gegenwart unter uns anzunehmen. Das Evangelium lässt uns verschiedene Reaktionen sehen: die des Apostels Thomas, die der Maria von Magdala und die der beiden Emmausjünger: Es tut uns gut, uns mit ihnen auseinanderzusetzen. Thomas stellt eine Bedingung für den Glauben, er verlangt, den Beweis zu berühren: die Wunden. Maria von Magdala weint. Sie sieht ihn, aber sie erkennt ihn nicht. Erst als er sie beim Namen ruft, merkt sie, dass es Jesus ist. Die Emmausjünger, betrübt und niedergeschlagen, kommen zur Begegnung mit Jesus, indem sie sich von jenem geheimnisvollen Weggefährten begleiten lassen. Jeder auf einem anderen Weg! Sie suchten den Lebenden bei den Toten, und der Herr selbst hat ihre Richtung geändert. Und was tue ich? Welchem Weg folge ich, um dem lebendigen Christus zu begegnen? Er wird stets bei uns sein, um die Richtung zu ändern, wenn wir uns geirrt haben.

»Was sucht ihr den Lebenden bei den Toten?« (Lk 24,5). Diese Frage lässt uns die Versuchung überwinden zurückzuschauen auf das, was gestern war, und drängt uns nach vorne, in die Zukunft. Jesus ist nicht im Grab, er ist der Auferstandene! Er ist der Lebende – derjenige, der stets seinen Leib, die Kirche, erneuert und ihn zum Gehen veranlasst, indem er ihn zu sich zieht. »Gestern« ist das Grab Jesu und das Grab der Kirche, das Grab der Wahrheit und der Gerechtigkeit; »heute« ist die immerwährende Auferstehung, zu der uns der Heilige Geist drängt, indem er uns die volle Freiheit schenkt. Heute wird auch uns diese Frage gestellt. Was suchst du den Lebenden bei den

»Welchem Weg folge ich, um dem lebendigen Christus zu begegnen?«

Toten – du, der du dich in dir selbst verschließt nach einem Scheitern, und du, der du keine Kraft mehr hast, um zu beten? Was suchst du den Lebenden bei den Toten – du, der du dich allein fühlst, von den Freunden und vielleicht auch von Gott verlassen? Was suchst du den Lebenden bei den Toten – du, der du die Hoffnung verloren hast, und du, der du dich von deinen Sünden gefangen fühlst? Was suchst du den Lebenden bei den Toten – du, der du nach Schönheit strebst, nach geistlicher Vollkommenheit, nach Gerechtigkeit, nach Frieden?

Wir müssen immer wieder die Mahnung des Engels hören und sie uns gegenseitig in Erinnerung rufen! Diese Mahnung – »Was sucht ihr den Lebenden bei den Toten?« – hilft uns, aus unseren Räumen der Traurigkeit herauszukommen und öffnet uns für die Horizonte der Freude und der Hoffnung: jene Hoffnung, die die Steine von den Gräbern wegnimmt und Mut macht, die Frohbotschaft zu verkündigen, die in der Lage ist, neues Leben hervorzubringen für die anderen. [...]

Generalaudienz am 23. April 2014

Die Einheit suchen

Immer wenn wir unser Glaubensbekenntnis erneuern, indem wir das »Credo« sprechen, sagen wir, dass die Kirche »eine« und »heilig« ist. Sie ist »eine«, weil sie ihren Ursprung im dreifaltigen Gott hat, der ein Geheimnis der Einheit und der vollkommenen Gemeinschaft ist. Außerdem ist die Kirche heilig, da sie auf Jesus Christus gründet, durch seinen Heiligen Geist belebt wird, von seiner Liebe und seinem Heil erfüllt ist. Sie ist jedoch gleichzeitig heilig und besteht aus Sündern, uns allen, Sündern, die wir jeden Tag die Erfahrung unserer Schwachheit und unseres Elends machen. Dieser Glaube, den wir bekennen, drängt uns also zur Umkehr. Er spornt uns an, den Mut zu haben, täglich die Einheit und die Heiligkeit zu leben. Und wenn wir nicht vereint sind, wenn wir nicht heilig sind, dann weil wir Jesus nicht treu sind. Aber er, Jesus, lässt uns nicht allein, er verlässt seine Kirche nicht! Er geht mit uns, er versteht uns. Er versteht unsere Schwachheit, unsere Sünden, er vergibt uns – vorausgesetzt, dass wir uns vergeben lassen. Er ist stets bei uns und hilft uns, weniger Sünder zu sein, heiliger zu werden, vereinter zu sein.

> »Jesus, lässt uns nicht allein, er verlässt seine Kirche nicht!«

Der erste Trost kommt uns aus der Tatsache, dass Jesus inständig für die Einheit der Jünger gebetet hat. Es ist das Gebet des Letzten Abendmahls. Jesus hat inständig gebetet: »Vater, alle sollen eins sein.« Er hat für die Einheit gebetet, und er hat dies kurz vor seinem Leiden getan, als er sich anschickte, sein ganzes Leben für uns hinzugeben. Wir sind eingeladen, dies immer wieder zu lesen und darüber nachzudenken: Es ist einer der tiefsten und bewegendsten Abschnitte des *Evangeliums nach Johannes,* im 17. Kapitel (vgl. V. 11.21-23). Wie schön ist es zu wissen, dass der Herr kurz vor seinem Tod sich nicht Sorgen um sich selbst gemacht, sondern an uns gedacht hat! Und in seinem ergreifenden Gespräch mit dem Vater hat er dafür gebetet, dass wir mit ihm und untereinander eins sein mögen. Ja, mit diesen Worten hat Jesus sich zu unserem Fürsprecher beim Vater gemacht, damit auch wir in die volle Liebesgemeinschaft mit ihm eintreten

»Wir müssen uns auch für die Einheit aller Christen einsetzen.«

können; gleichzeitig vertraut er sie uns an als sein geistliches Testament, damit die Einheit immer mehr zum Merkmal unserer christlichen Gemeinschaften und die schönste Antwort werden kann für jeden, der nach der Hoffnung fragt, die uns erfüllt (vgl. 1 Petr 3,15).

»Alle sollen eins sein: Wie du, Vater, in mir bist und ich in dir bin, sollen auch sie in uns sein, damit die Welt glaubt, dass du mich gesandt hast« (Joh 17,21). Von Anfang an hat die Kirche versucht, dieses Anliegen, das Jesus so sehr am Herzen liegt, zu verwirklichen. Die *Apostelgeschichte* ruft uns ins Gedächtnis, dass die ersten Christen sich dadurch von ihrer Umgebung unterschieden, dass sie »ein Herz und eine Seele« waren (Apg 4,32). Außerdem mahnte der Apostel Paulus seine Gemeinden, nicht zu vergessen, dass sie »in einen einzigen Leib aufgenommen« sind (1 Kor 12,13). Die Erfahrung sagt uns jedoch, dass es viele Sünden gegen die Einheit gibt. Und denken wir nicht nur an die Spaltungen, denken wir an ganz gewöhnliche Verfehlungen in unseren Gemeinschaften, an die »Pfarreisünden«, an die Sünden in den Pfarrgemeinden.

Denn zuweilen sind unsere Pfarrgemeinden, die eigentlich berufen sind, Orte des Teilens und der Gemeinschaft zu sein, leider geprägt von Neid, Eifersucht, Abneigungen ... Und der Klatsch ist für alle leicht zur Hand. Wie viel wird in den Pfarrgemeinden geklatscht! Das ist nicht gut. Jemand wird zum Beispiel zum Vorsitzenden einer Vereinigung gewählt – gleich wird über ihn geklatscht. Und wenn eine andere zur Verantwortlichen für die Katechese gewählt wird, dann klatschen die anderen gleich über sie. Aber das ist nicht die Kirche. Das darf man nicht tun, das dürfen wir nicht tun! Man muss den Herrn um die Gnade bitten, es nicht zu tun. Das passiert, wenn wir nach den ersten Plätzen streben; wenn wir uns selbst mit unserem persönlichen Ehrgeiz und unseren Ansichten in den Mittelpunkt stellen und die anderen verurteilen; wenn wir auf die Fehler der Brüder und Schwestern schauen statt auf ihre Gaben; wenn wir dem, was uns entzweit, mehr Gewicht geben als dem, was uns vereint ... In der anderen Diözese, die ich vorher hatte, habe ich einmal einen interessanten und schönen Kommentar gehört. Es war die Rede von einer alten Frau, die ihr ganzes Leben lang in der Pfarrgemeinde gearbeitet hatte, und eine Person, die sie gut kannte, hat gesagt: »Diese Frau hat nie jemanden schlechtgemacht, sie hat nie geklatscht, immer hat sie freundlich gelächelt.«

Eine solche Frau kann morgen heiliggesprochen werden! Das ist ein schönes Vorbild. Und wenn wir auf die Kirchengeschichte blicken: Wie viele Spaltungen gibt es zwischen uns Christen. Auch jetzt sind wir gespalten. Auch in der Geschichte haben wir Christen gegeneinander Kriege geführt aufgrund von theologischen Entzweiungen. Denken wir an den Dreißigjährigen Krieg. Das ist aber nicht christlich. Wir müssen uns auch für die Einheit aller Christen einsetzen, auf dem Weg der Einheit gehen: Es ist der Weg, den Jesus will und für den er gebetet hat. Angesichts all dessen müssen wir eine ernsthafte Gewissensprüfung vornehmen. In einer christlichen Gemeinschaft ist die Entzweiung eine der schwersten Sünden, weil sie sie zum Zeichen nicht von Gottes Werk, sondern vom Werk des Teufels macht, der definitionsgemäß jener ist, der entzweit, der die Beziehungen zerstört, der Vorurteile einflößt ... Die Entzweiung ist in einer christlichen Gemeinschaft – sei es eine Schule, eine

Pfarrgemeinde oder ein Verband – eine sehr schwere Sünde, denn sie ist das Werk des Teufels. Gott dagegen will, dass wir in der Fähigkeit wachsen, einander anzunehmen, einander zu vergeben und einander zu lieben, um ihm, der Gemeinschaft und Liebe ist, immer ähnlicher zu sein. Darin liegt die Heiligkeit der Kirche: sich selbst nach dem Bild Gottes wiederzuerkennen als erfüllt von seiner Barmherzigkeit und Gnade.

Lassen wir in unserem Herzen diese Worte Jesu widerhallen: »Selig, die Frieden stiften, denn sie werden Söhne Gottes genannt werden« (Mt 5,9). Bitten wir aufrichtig um Vergebung für all die Male, in denen wir Anlass gegeben haben zur Entzweiung oder zum Unverständnis in unseren Gemeinschaften – im Wissen, dass man nur durch ständige Umkehr zur Gemeinschaft gelangt. Was ist Umkehr? Es bedeutet, vom Herrn die Gnade zu erbitten, nicht schlecht über andere zu reden, nicht zu kritisieren, nicht zu klatschen, alle zu lieben. Es ist eine Gnade, die der Herr uns schenkt. Das bedeutet Umkehr des Herzens. Und wir wollen darum bitten, dass unser tägliches Beziehungsgefüge zu einem immer schöneren und freudigeren Abglanz der Beziehung zwischen Jesus und dem Vater werden möge.

>>Selig, die Frieden stiften, denn sie werden Söhne Gottes genannt werden< (Mt 5,9).«

Generalaudienz am 27. August 2014

Über das Kreuz nachdenken

[...] Wir erhöhen *das Kreuz Jesu,* weil sich in ihm die höchste Liebe Gottes zur Menschheit offenbart hat. Das ist es, was uns das *Johannesevangelium* in der heutigen Liturgie in Erinnerung ruft: »Gott hat die Welt so sehr geliebt, dass er seinen einzigen Sohn hingab« (3,16). Der Vater hat seinen Sohn »hingegeben«, um uns zu retten, und das hat auch den Tod Jesu und den Tod am Kreuz eingeschlossen.

»Wenn wir den Blick auf das Kreuz richten, an das Jesus geschlagen worden ist, betrachten wir das Zeichen der Liebe [...].«

Warum? Warum ist das Kreuz notwendig gewesen? Aufgrund der Schwere des Bösen, das uns versklavt hatte. Das Kreuz Jesu bringt beides zum Ausdruck: die ganze negative Kraft des Bösen und die ganze milde Allmacht der Barmherzigkeit Gottes. Das Kreuz scheint das Scheitern Jesu zu bestimmen, aber in Wirklichkeit bezeichnet es seinen Sieg. Auf Golgatha sagten jene, die ihn verhöhnten: »Wenn du Gottes Sohn bist, steig herab vom Kreuz!« (vgl. Mt 27,40). Doch das Gegenteil war wahr: Gerade weil er der Sohn Gottes war, blieb Jesus dort, am Kreuz, dem Liebesplan des Vaters treu bis zum Ende. Und gerade deshalb hat Gott Jesus »erhöht« (Phil 2,9) und ihm ein universales Königtum verliehen.

Und wenn wir den Blick auf das Kreuz richten, an das Jesus geschlagen worden ist, betrachten wir das Zeichen der Liebe, der unendlichen Liebe Gottes zu einem jeden von uns, und die Wurzel unseres Heils. Jenem Kreuz entspringt die Barmherzigkeit des Vaters, die die ganze Welt umfasst. Durch das Kreuz Christi ist der Teufel besiegt, ist der Tod niedergerungen, ist uns das Leben geschenkt, ist die Hoffnung zurückgegeben worden.

Das ist wichtig: Durch das Kreuz Christi ist uns die Hoffnung zurückgegeben worden. Das Kreuz Jesu ist unsere einzige wahre Hoffnung! Deshalb also »erhöht« die Kirche das heilige Kreuz, und deshalb segnen wir Christen mit dem Zeichen des Kreuzes. Das heißt: Wir erhöhen nicht die Kreuze, sondern das glorreiche Kreuz Jesu, Zeichen der unendlichen Liebe Gottes, Zeichen unseres Heils und Weg zur Auferstehung. Und das ist unsere Hoffnung. [...]

Angelusgebet am 14. September 2014

Jesus bricht auf – Himmelfahrt

[...] Das Hochfest der Himmelfahrt Christi [feiern wir 40 Tage nach Ostern [...]. Die *Apostelgeschichte* berichtet von dieser Episode, dem letzten Scheiden Jesu, des Herrn, von seinen Jüngern und von der Welt (vgl. Apg 1,2.9). Das *Matthäusevangelium* hingegen gibt den Auftrag Jesu an die Jünger wieder: die Einladung aufzubrechen, um allen Völkern seine Botschaft des Heils zu verkünden (vgl. Mt 28,16-20). »Gehen«, oder besser: »aufbrechen«, wird zum Schlüsselwort des heutigen Festes: Jesus bricht zum Vater auf und gibt seinen Jüngern den Auftrag, in die Welt aufzubrechen.

»Der Vater vergibt immer, weil er auf die Wunden Jesu blickt.«

Jesus bricht auf, er wird in den Himmel emporgehoben, das heißt, er kehrt heim zum Vater, von dem er in die Welt gesandt wurde. Er hat seine Arbeit getan, daher kehrt er zum Vater zurück. Doch es handelt sich nicht um eine Trennung, da er in einer neuen Weise für immer bei uns bleibt. Mit seiner Himmelfahrt zieht der auferstandene Herr den Blick der Apostel – und auch unseren Blick – zum Himmel empor, um uns zu zeigen, dass das Ziel unseres Weges der Vater ist. Er selbst hatte gesagt, dass er weggehen würde, um uns einen Platz im Himmel zu bereiten. Dennoch bleibt Jesus in den Begebenheiten der menschlichen Geschichte mit der Macht und den Gaben seines Geistes gegenwärtig und wirksam; er steht einem jeden von uns zur Seite: Auch wenn wir ihn nicht mit den Augen sehen – er ist da! Er begleitet uns, er führt uns, er nimmt uns bei der Hand und richtet uns wieder auf, wenn wir fallen.

Der auferstandene Jesus ist den verfolgten und diskriminierten Christen nahe; er ist allen Männern und Frauen nahe, die leiden. Er ist uns allen nahe, auch heute ist er hier mit uns auf dem Platz. Der Herr ist bei uns! Glaubt ihr das? Dann sagen wir es gemeinsam: Der Herr ist bei uns! Als Jesus in den Himmel zurückkehrt, bringt er dem Vater ein Geschenk mit. Was für ein Geschenk? Seine Wunden. Sein Leib ist wunderschön, ohne Blutergüsse, ohne die Verletzungen der Geißelung, doch er bewahrt die Wunden. Als er zum Vater zurückkehrt, zeigt er ihm die Wunden und sagt: »Schau her, Vater, das ist der Preis der Vergebung, die du schenkst.« Wenn der Vater auf

> »Mit seiner Himmelfahrt zieht der auferstandene Herr den Blick der Apostel [...] zum Himmel empor, um uns zu zeigen, dass das Ziel unseres Weges der Vater ist.«

die Wunden Jesu blickt, vergibt er uns immer, nicht weil wir gut sind, sondern weil Jesus für uns bezahlt hat. Indem der Vater auf die Wunden Jesu blickt, wird er barmherziger.

Das ist das große Werk Jesu heute im Himmel: dem Vater den Preis der Vergebung zeigen, seine Wunden. Das ist etwas Schönes, das uns dazu drängt, keine Angst zu haben, um Vergebung zu bitten. Der Vater vergibt immer, weil er auf die Wunden Jesu blickt; er schaut auf unsere Sünde und vergibt sie.

Doch Jesus ist auch durch die Kirche gegenwärtig, die seine Sendung fortsetzen soll. Das letzte Wort Jesu an die Jünger ist der Auftrag aufzubrechen: »Geht zu allen Völkern, und macht alle Menschen zu meinen Jüngern« (Mt 28,19). Das ist ein klarer, kein dem eigenen Ermessen überlassener Auftrag! Die christliche Gemeinschaft ist eine Gemeinschaft »im Hinausgehen«, »im Aufbruch«. Mehr noch: Die Kirche ist »im Aufbruch« entstanden. Und ihr werdet mir sagen: aber die Klausurgemeinschaften? Ja, auch diese, weil sie immer mit dem Gebet »hinausgehen«, mit dem Herzen, das für die Welt, für die Horizonte Gottes offen ist. Und die alten Menschen, die Kranken? Auch sie, mit dem Gebet und durch die Vereinigung mit den Wunden Jesu.

Seinen missionarischen Jüngern sagt Jesus: »Ich bin bei euch alle Tage bis zum Ende der Welt« (V. 20). Allein, ohne

Jesus, vermögen wir nichts! Für das apostolische Werk sind unsere Kräfte, unsere Ressourcen, unsere Strukturen nicht ausreichend, auch wenn sie notwendig sind. Ohne die Gegenwart des Herrn und ohne die Kraft seines Geistes ist unsere auch gut organisierte Arbeit wirkungslos. Und so gehen wir hin, um den Leuten zu sagen, wer Jesus ist. [...]

Regina-Coeli-Gebet am 1. Juni 2014

Komm, Heiliger Geist – Pfingsten

Unruhe schaffen

Mit der Kirche leben

»Alle wurden mit dem Heiligen Geist erfüllt«

Freude, die sich erneuert und sich mitteilt

Unruhe schaffen

Das Hochfest Pfingsten gedenkt der Ausgießung des Heiligen Geistes über die im Abendmahlssaal versammelten Apostel. Wie Ostern hat sich das Ereignis während eines bereits bestehenden jüdischen Festes zugetragen, und es bringt eine überraschende Erfüllung. Das Buch der *Apostelgeschichte* beschreibt die Zeichen und Früchte jener außerordentlichen Ausgießung: den heftigen Sturm und die Zungen wie von Feuer; die Angst

»Es ist eine Kirche, die *überrascht und Unruhe schafft.*«

verschwindet und an ihre Stelle tritt der Mut; die Zungen lösen sich und alle verstehen die Verkündigung. Wohin der Geist Gottes gelangt, da wird alles neu geboren und verwandelt sich. Das Pfingstereignis bezeichnet die Geburt der Kirche und ihr Sichtbarwerden in der Öffentlichkeit; und zwei Merkmale beeindrucken uns: Es ist eine Kirche, die *überrascht und Unruhe schafft.*

Ein grundlegendes Element des Pfingstfestes ist die *Überraschung.* Unser Gott ist der Gott der Überraschungen, das wissen wir. Niemand erhoffte sich noch etwas von den Jüngern: Nach dem Tod Jesu waren sie ein unbedeutendes Grüppchen, unterlegene Waisen ihres Meisters. Dagegen kommt es zu etwas Unerwartetem, das Staunen erregt: Die Leute sind ganz bestürzt, da jeder die Apostel in seiner Sprache reden hörte, während sie von Gottes großen Taten erzählten (vgl. Apg 2,6-7.11). Die Kirche, die an Pfingsten geboren wird, ist eine Gemeinschaft, die in Staunen versetzt, da sie mit der Kraft, die von Gott kommt, eine neue Botschaft verkündet – die Auferstehung Christi – in einer neuen Sprache – jener universalen Sprache der Liebe. Eine neue Verkündigung: Christus lebt, er ist auferstanden; eine neue Sprache: die Sprache der

Liebe. Die Jünger sind von einer Kraft erfüllt, die aus der Höhe kommt, und sprechen mutig – wenige Minuten vorher waren sie alle Feiglinge, doch nun sprechen sie mutig und offen, mit der Freiheit des Heiligen Geistes. Die Kirche ist immer berufen, so zu sein: fähig zu überraschen, indem sie allen verkündet, dass Jesus, der Christus, den Tod besiegt hat, dass die Arme Gottes immer offen sind, dass uns seine Geduld immer erwartet, um uns zu heilen, um uns zu vergeben. Gerade für diese Sendung hat der auferstandene Jesus der Kirche seinen Geist geschenkt.

»Wenn die Kirche lebendig ist, muss sie immer überraschen.«

[...] Wenn die Kirche lebendig ist, muss sie immer überraschen. Das Überraschen gehört zur lebendigen Kirche. Eine Kirche, die nicht imstande ist zu überraschen, ist eine schwache, kranke, sterbende Kirche und muss so bald wie möglich in eine Wiederbelebungsstation eingeliefert werden!

Mancher in Jerusalem hätte es vorgezogen, dass die Jünger Jesu vor Angst gelähmt im Haus eingeschlossen geblieben wären, um keine *Unruhe* zu stiften. Auch heute ist es das, was viele von den Christen wollen. Dagegen drängt sie der auferstandene Herr, in die Welt hinauszugehen: »Wie mich der Vater gesandt hat, so sende ich euch« (Joh 20,21). Die pfingstliche Kirche ist eine Kirche, die sich nicht damit abfindet, harmlos zu sein, allzu »destilliert« zu sein. Nein, damit findet sie sich nicht ab! Sie will kein dekoratives Element sein. Sie ist eine Kirche, die nicht zögert hinauszugehen, den Menschen entgegen, um die ihr anvertraute Botschaft zu verkünden, auch wenn jene Botschaft die Gewissen aufrüttelt oder in Unruhe versetzt, auch wenn jene Botschaft vielleicht Probleme mit sich bringt und uns bisweilen zum Martyrium führt. Sie wird als *eine* und *universale* Kirche geboren, mit einer präzisen, doch offenen Identität, eine Kirche, die die Welt umarmt, sie jedoch nicht gefangen nimmt; sie lässt sie frei, doch sie umarmt sie wie die Kolonnaden dieses Platzes:

zwei Arme, die sich öffnen, um aufzunehmen, die sich jedoch nicht schließen, um festzuhalten. Wir Christen sind frei, und die Kirche will, dass wir frei sind! [...]

Regina-Coeli-Gebet am 8. Juni 2014

Mit der Kirche leben

[Die] *Apostelgeschichte* lässt uns sehen, dass auch in der Urkirche erste Spannungen und Meinungsverschiedenheiten zutage traten. Im Leben gibt es Konflikte; das Problem ist, wie man mit ihnen umgeht. Bis zu jenem Moment war die Einheit der christlichen Gemeinde durch die Zugehörigkeit zu einem einzigen Volk und zu einer einzigen Kultur begünstigt worden: der jüdischen. Als sich aber das Christentum, das durch den Willen Jesu für alle Völker bestimmt ist, dem griechischen Kulturraum öffnet, fehlt diese Homogenität und es treten die ersten Schwierigkeiten auf. In jenem Augenblick schleicht sich die Unzufriedenheit ein, es gibt Klagen, Gerüchte über Günstlingswirtschaft und ungleiche Behandlung machen die Runde. Dies geschieht auch in unseren Pfarreien! Bei der Hilfe der Gemeinde für die Bedürftigen – Witwen, Waisen und Arme im Allgemeinen – scheinen die Christen jüdischer Herkunft gegenüber den anderen bevorzugt zu werden.

Also nehmen die Apostel angesichts dieses Konflikts die Situation in die Hand: Sie berufen eine Versammlung ein, die auch die Schar der Jünger einschließt, und diskutieren die Frage gemeinsam. Alle. Denn die Probleme lassen sich nicht dadurch lösen, dass man so tut, als gebe es sie nicht! Und diese ehrliche Auseinandersetzung zwischen den Hirten und den anderen Gläubigen ist schön. Man gelangt also zu einer Aufgabenteilung. Die Apostel machen einen Vorschlag, der den Beifall aller findet: Sie selbst werden sich dem Gebet und dem Dienst am Wort widmen, während sich sieben Männer, die Diakone, um den Dienst an den Tischen für die Armen kümmern werden. Diese sieben Männer werden nicht gewählt, weil sie geschäftstüchtig sind, sondern weil es sich um ehrliche Männer von gutem Ruf handelt, erfüllt vom Heiligen Geist und von Weisheit; und sie werden für ihren Dienst eingesetzt, indem die Apostel ihnen die Hände auflegen. Und so gelangt man von jener Unzufriedenheit, von jenen Klagen, von jenen Gerüchten der Günstlingswirtschaft und der Ungleichbehandlung zu einer Lösung. Indem man sich mit dem anderen auseinandersetzt, diskutiert und betet: So werden die Konflikte in der Kirche gelöst. Indem man sich mit dem anderen auseinandersetzt, diskutiert und betet. Mit der Gewissheit, dass Geschwätz, Neidereien, Eifersüchteleien uns niemals zur Eintracht, zur Harmonie oder zum Frieden führen werden können. Auch dort war es der Heilige Geist, der diese Übereinkunft gekrönt hat, und dies lässt uns begreifen: Wenn wir dem Heiligen Geist die Führung überlassen, wird er uns zur Harmonie, zur Einheit und zur Achtung der verschiedenen Begabungen und Talente führen.

> »Wenn wir dem Heiligen Geist die Führung überlassen, wird er uns zur Harmonie, zur Einheit und zur Achtung der verschiedenen Begabungen und Talente führen.«

Regina-Coeli-Gebet am 18. Mai 2014

»Alle wurden mit dem Heiligen Geist erfüllt« (Apg 2,4)

Beim Letzten Abendmahl sagte Jesus zu den Aposteln, dass er ihnen nach seinem Weggang aus dieser Welt die Gabe des Vaters, das heißt den Heiligen Geist, senden würde (vgl. Joh 15,26). Diese Verheißung verwirklicht sich machtvoll am Pfingsttag, als der Heilige Geist auf die im Abendmahlssaal versammelten Jünger herabkommt. Jene Ausgießung, wenn sie auch außergewöhnlich war, blieb nicht die einzige und sie blieb nicht auf jenen Augenblick beschränkt, sondern sie ist ein Ereignis, das sich wiederholt hat und sich auch weiterhin wiederholt. Der zur Rechten des Vaters verherrlichte Christus verwirklicht weiterhin seine Verheißung, indem er den lebendig machenden Geist auf die Kirche herabsendet, der uns lehrt und uns erinnert und uns sprechen lässt. Der Heilige Geist lehrt uns: Er ist der innere Lehrmeister. Er führt uns in den Situationen des Lebens auf den rechten Weg. Er zeigt uns den Weg. In der Frühzeit der Kirche wurde das Christentum »der Weg« (vgl. Apg 9,2) genannt, und Jesus selbst ist der Weg. Der Heilige Geist lehrt uns, ihm zu folgen, auf seinen Spuren zu gehen. Mehr als ein Lehrmeister der Doktrin ist der Heilige Geist ein Lehrmeister des Lebens. Auch Wissen und Kenntnis sind sicherlich Teil des Lebens, aber eingefügt in den weiteren, harmonischen Horizont der christlichen Existenz.

Der Heilige Geist erinnert uns, er erinnert uns an alles, was Jesus gesagt hat. Er ist das lebendige Gedächtnis der Kirche. Und während er uns in Erinnerung ruft, lässt er uns die Worte des Herrn verstehen. Dieses Erinnern im Heiligen Geist beschränkt sich dank des Heiligen Geistes nicht auf eine Gegebenheit des Gedächtnisvermögens. Es ist ein wesentlicher Aspekt der Ge-

»Komm, Heiliger Geist!«

genwart Jesu in uns und in seiner Kirche. Der Geist der Wahrheit und der Liebe erinnert uns an alles, was Christus gesagt hat, er lässt uns immer tiefer in den Sinn seiner Worte eindringen. Wir alle kennen diese Erfahrung: Ein Augenblick in irgendeiner Situation, da ist eine Idee und dann verbindet sich eine andere Idee mit einem Abschnitt aus der Heiligen Schrift ... Es ist der Heilige Geist, der uns diesen Weg gehen lässt: den Weg des lebendigen Gedächtnisses der Kirche. Und das erfordert von uns eine Antwort: Je großherziger unsere Antwort ist, desto mehr werden die Worte in uns Leben, werden Haltungen, Entscheidungen, Gesten, Zeugnis. Im Wesentlichen erinnert uns der Heilige Geist an das Gebot der Liebe und ruft uns, es zu leben.

Ein Christ ohne Erinnerung ist kein wahrer Christ: Er ist ein Christ auf halbem Weg, er ist ein Mann oder eine Frau, die Gefangene des gegenwärtigen Augenblicks sind, die aus ihrer Geschichte nicht zu lernen wissen, die sie nicht als Heilsgeschichte zu deuten und zu leben wissen. Dagegen können wir mit der Hilfe des Heiligen Geistes die inneren Anregungen und die Ereignisse des Lebens im Licht der Worte Jesu deuten. Und so wächst in uns die Weisheit der Erinnerung, die Weisheit des Herzens, die eine Gabe des Heiligen Geistes ist. Der Heilige Geist möge in uns allen die christliche Erinnerung lebendig werden lassen! Und an jenem Tag war bei den Aposteln die Frau der Erinnerung, jene, die von Beginn an all diese Dinge in ihrem Herzen bewahrte und darüber nachdachte. Dort war Maria, unsere Mutter. Sie möge uns helfen auf diesem Weg der Erinnerung.

Der Heilige Geist lehrt uns, er erinnert uns und – ein weiteres Merkmal – er lässt uns sprechen: mit Gott und mit den Menschen. Es gibt keine stummen Christen, in der Seele stumm; nein, dafür ist kein Platz. Er lässt uns im Gebet mit Gott sprechen. Das Gebet ist eine Gabe, die wir umsonst empfangen; es ist der Dialog mit Gott im Heiligen Geist, der in uns betet und der es uns ermöglicht, uns an ihn zu wenden und ihn Vater, Papa, Abbà (vgl. Röm 8,15; Gal 4,4) zu nennen; und das ist nicht nur so eine »Redensart«, sondern es ist Wirklichkeit: Wir sind wirklich Kinder Gottes. »Denn alle, die sich vom Geist Gottes leiten lassen, sind Söhne Gottes« (Röm 8,14). Er lässt uns im Akt des Glaubens sprechen. Niemand von uns kann sagen: »Jesus ist der Herr« – das haben wir heute gehört – ohne den Heiligen Geist. Und der Heilige Geist lässt uns im brüderlichen Dialog mit den Menschen sprechen. Er hilft uns, mit den anderen zu sprechen und dabei in ihnen Brüder und Schwestern zu erkennen, zu ihnen in Freundschaft, mit Zärtlichkeit, Sanftmut zu sprechen, indem wir die Ängste und Hoffnungen, die Trauer und die Freude der anderen verstehen.

> »Der Heilige Geist [...] ist das lebendige Gedächtnis der Kirche.«

Aber da ist noch mehr: Der Heilige Geist lässt uns zu den Menschen auch in der Prophetie sprechen, das heißt indem er uns zu demütigen und fügsamen »Kanälen« des Wortes Gottes macht. Die Prophetie erfolgt mit aufrichtiger Offenheit, um offen hinzuweisen auf die Widersprüche und die Ungerechtigkeiten, aber immer mit Sanftmut und in konstruktiver Absicht. Vom Geist der Liebe durchdrungen können wir Zeichen und Werkzeuge Gottes sein, der liebt, der dient, der Leben schenkt.

Noch einmal zusammengefasst: Der Heilige Geist lehrt uns den Weg; er erinnert uns an die Worte Jesu und erläutert sie uns; er lässt uns beten und zu Gott »Vater« sagen, er lässt uns im brüderlichen Dialog zu den Menschen sprechen und er lässt uns in der Prophetie sprechen. Der Pfingsttag, als die Jünger »vom Heiligen Geist erfüllt wurden«, war die Taufe der Kirche, die »im Aufbruch« geboren wurde, »hinausgehend«, um allen die Frohe Botschaft zu verkünden. Die Mutter Kirche, die aufbricht, um zu dienen. Erinnern wir uns an die andere Mutter, unsere Mutter, die schnell aufbrach, um zu dienen.

Die Mutter Kirche und die Mutter Maria: Beide sind Jungfrauen, beide Mütter, beide Frauen. Jesus war sehr deutlich gegenüber den Aposteln: Sie sollten sich nicht von Jerusalem entfernen, bevor sie aus der Höhe die Kraft des Heiligen Geistes empfangen hätten (vgl. Apg 1,4.8). Ohne ihn gibt es keine Sendung, gibt es keine Evangelisierung. Deshalb rufen wir mit der ganzen Kirche, mit unserer Mutter, der katholischen Kirche: Komm, Heiliger Geist!

Predigt am Pfingstsonntag, 8. Juni 2014

Freude, die sich erneuert
und sich mitteilt

Die große Gefahr der Welt von heute mit ihrem vielfältigen und erdrückenden Konsumangebot ist eine individualistische Traurigkeit, die aus einem bequemen, begehrlichen Herzen hervorgeht, aus der krankhaften Suche nach oberflächlichen Vergnügungen, aus einer abgeschotteten Geisteshaltung. Wenn das innere Leben sich in den eigenen Interessen verschließt, gibt es keinen Raum mehr für die anderen, finden die Armen keinen Einlass mehr, hört man nicht mehr die Stimme Gottes, genießt man nicht mehr die innige Freude über seine Liebe, regt sich nicht die Begeisterung, das Gute zu tun. Auch die Gläubigen laufen nachweislich und fortwährend diese Gefahr. Viele erliegen ihr und werden zu gereizten, unzufriedenen, empfindungslosen Menschen. Das ist nicht die Wahl eines würdigen und erfüllten Lebens, das ist nicht Gottes Wille für uns, das ist nicht das Leben im Geist, das aus dem Herzen des auferstandenen Christus hervorsprudelt.

»Niemand ist von der Freude ausgeschlossen, die der Herr uns bringt.«

Ich lade jeden Christen ein, gleich an welchem Ort und in welcher Lage er sich befindet, noch heute seine persönliche Begegnung mit Jesus Christus zu erneuern oder zumindest den Entschluss zu fassen, sich von ihm finden zu lassen, ihn jeden Tag ohne Unterlass zu suchen. Es gibt keinen Grund, weshalb jemand meinen könnte, diese Einladung gelte nicht ihm, denn »niemand ist von der Freude ausgeschlossen, die der Herr uns bringt.« [siehe: Paul VI., Apostolisches Schreiben Gaudete in Domino (9. Mai 1975), 22: AAS 67 (1975), 297.] Wer etwas wagt, den enttäuscht der Herr nicht, und wenn jemand einen kleinen Schritt auf Jesus zu macht, entdeckt er, dass dieser bereits mit offenen Armen auf sein Kommen wartete. Das ist der Augenblick, um zu Jesus Christus zu sagen: »Herr, ich habe mich täuschen lassen, auf tausenderlei Weise bin ich vor deiner Liebe geflohen, doch hier bin ich wieder, um meinen Bund mit dir zu erneuern. Ich brauche dich. Kaufe mich wieder frei, nimm mich noch einmal auf in deine erlösenden Arme.« Es tut uns so gut, zu ihm zurückzukehren, wenn wir uns verloren haben! Ich beharre noch einmal darauf: Gott wird niemals müde zu verzeihen; wir sind es, die müde werden, um sein Erbarmen zu bitten. Der uns aufgefordert hat, »siebenundsiebzigmal« zu vergeben (Mt 18,22), ist uns ein Vorbild: Er vergibt siebenundsiebzigmal. Ein ums andere Mal lädt er uns wieder auf seine Schultern. Niemand kann uns die Würde nehmen, die diese unendliche und unerschütterliche Liebe uns verleiht. Mit einem Feingefühl, das uns niemals enttäuscht und uns immer die Freude zurückgeben kann, erlaubt er uns, das Haupt zu erheben und neu zu beginnen. Fliehen wir nicht vor der Auferstehung Jesu, geben wir uns niemals geschlagen, was auch immer geschehen mag. Nichts soll stärker sein als sein Leben, das uns vorantreibt!

> »Fliehen wir nicht vor der Auferstehung Jesu, geben wir uns niemals geschlagen.«

Evangelii Gaudium, 2-3